Hasta Que Vea

¿Qué opinan otros acerca de Hasta que Vea?

"El libro de la doctora Janet Mangum, *Hasta que Vea*, lleva al lector a las dinámicas espirituales vitales que son esenciales para el progenitor o cuidador del niño con necesidades especiales. *Hasta que Vea* hace un trabajo maravilloso al profundizar en los valores centrales del progenitor o cuidador. El libro ofrece un ambiente rico con textos reflexivos, poemas, oraciones y pensamientos consoladores que ministran al espíritu humano."

—Dr. Bill Peters, ex oficial de la Marina de los EUA, cofundador de International Children's Aid Network

"Janet es una persona que está dispuesta a cambiar el mundo... ya sea liderando equipos a otras naciones, dando capacitación o inspirando a quienes están bajo su liderazgo, extendiéndose a la persona que necesita de un toque personal o palabra de aliento. Uno de los grupos que pueden ser incluidos sin duda alguna es el de las familias que tienen hijos con necesidades especiales. En su libro, Janet ofrece apoyo y estrategias para las familias que se encuentran navegando aguas desconocidas en medio del desgaste emocional. El objetivo de Janet al escribir este libro es levantar el corazón del cuidador –sea su progenitor, pariente o amigo– con las historias, poemas y oraciones llenas de esperanza que presenta."

—Jane Hansen Hoyt, Presidenta/Directora Ejecutiva de Aglow Internacional

"Esta es una lectura obligada, no solo para los que descubren que tienen un hijo con necesidades especiales, sino para todos. Janet Mangum escribe de manera cautivante y poderosa lecciones de fe reales que le compartieron familias y las combina con Escrituras para conmover su corazón y desafiar su caminar personal con Dios. Usted también se convertirá en una persona más que vencedora. Léalo y comparta estos tesoros con un amigo."

—Apóstol y doctora Naomi Dowdy, autora, capacitadora, conferencista y ex Pastora General del Trinity Christian Centre, Singapur

Hasta Que Vea

Senderos de paz para la crianza
de hijos con **necesidades** especiales

Melonie Janet Mangum

Derechos de Autor ® 2015 Melonie Janet Mangum
Todos los derechos reservados.

A menos que se indique lo contrario, todas las citas de la Escritura fueron tomadas de las siguientes versiones: Nueva Versión Internacional (NVI) La Santa Biblia, Nueva Versión Internacional® NVI® Derechos de autor © 1999 por Biblica, Inc.® Usado con autorización. Todos los derechos reservados mundialmente. Reina-Valera 1995 (RVR1995) Derechos de autor © 1995 por Sociedades Bíblicas Unidas. Nueva Traducción Viviente (NTV) La *Santa Biblia*, Nueva Traducción Viviente, © Tyndale House Foundation, 2010. Todos los derechos reservados. Traducción en lenguaje actual (TLA) Derechos de autor © 2000 por Sociedades Bíblicas Unidas. La Biblia de las Américas (LBLA) Derechos de autor © 1986, 1995, 1997 por The Lockman Foundation.

Todas las historias en este libro son reales, pero algunos de los nombres y características identificadoras de las personas mencionadas fueron cambiadas para proteger su privacidad. Las terapeutas, terapistas y consejeras profesionales Carmenza Herrera Mendez, Michelle Phillips, Faith Raimer, Angela Timmons, Laurie Vervaecke, y Emily Zimbrich cordialmente contribuyeron con algunas porciones de este libro basándose en sus experiencias.

Impreso en los Estados Unidos de América.

Para solicitar autorización para utilizar estos materiales, comuníquese con Janet Mangum a: makarismos@roadrunner.com o bien, melonie.mangum@icloud.com.

ISBN: 9781609201203

Dedicatoria

Este libro está dedicado a usted, el lector. Sea de una manera cercana o con una historia a la distancia, muchos de ustedes han sido mis maestros, consejeros e inspiración y algunos de ustedes, mis héroes y amigos entrañables. Sus historias me animaron a ser una mejor persona, a confiar en nuestro Salvador vivo y a ver más allá de lo inmediato o natural hacia el ámbito celestial, eterno. Estoy segura de que las huestes celestiales aplauden su laboriosa dedicación a sus hijos como un regalo de vida de parte de Dios, uno que debe ser acogido y honroso al criar a sus muy preciados hijos.

Índice

Reconocimientos   xiii

Introducción   xv

Capítulo 1
Susto inicial: ¿Quién soy?   1

El choque de identidad con frecuencia es una de las respuestas iniciales a la noticia de que su hijo tiene algún tipo de impedimento. Se encuentra a sí mismo en territorio desconocido. La vida está cambiando. Sus valores son desafiados. Le toca descifrar quién es al procesar y asimilar su nuevo rol.

Capítulo 2
Guerrero valiente: ¿Por qué yo?   13

Usted sabe que no está equipado para la tarea que tiene delante y comienza a forcejear con sus propias habilidades, o falta de ellas. Se encuentra sintiéndose como el personaje bíblico Gedeón, estupefacto por la comisión abrumadora y por las declaraciones de afirmación de parte de Dios.

Capítulo 3
Transformación: ¿Me estoy derritiendo?   27

Hay etapas típicas en el proceso de la transformación: sobrevivir, buscar, acordar y separar. Se convierten en pasos importantes que lo mantienen avanzando con una determinación saludable. Usted está descubriendo la diferencia entre su identidad temporal, la funcional y la central. Su identidad y propósitos dinámicos fortalecen su sentido de competencia.

Capítulo 4
Las zonas: ¿Y ahora, qué?   43

El proceso para perfeccionar sus habilidades como padre de un hijo con necesidades especiales es laborioso y agotador. Al acceder a esa habilidad que va más allá de las suyas propias, descubre la capacidad para el valor y para zonas de paz, una gracia especial para el empoderamiento que ya reside dentro de su identidad central en Cristo Jesús.

Capítulo 5
Cataratas congeladas: ¿Cómo puedo yo? 63

Las emociones pueden crear una sensación de frío penetrante y paralizante. La descripción que Dios tiene de su identidad y propósito, y el don de Dios del perdón quitan el pestillo a su corazón, liberándolo de la culpa y la vergüenza. Al avanzar, abrigado por el perdón para sí mismo y los demás, Sus asideros de hielo le permiten ascender.

Capítulo 6
La fe eleva: ¿Qué hay de diferente? 81

Usted siente la diferencia. Algo saludable está cambiándolo por dentro. Durante los momentos más inquietantes se encuentra más relajado, más sereno. Hay respiros en donde usted siente como si descansara en una cabaña en un acantilado o en una de esas coloridas sillas colgantes con forma de capullo.

Capítulo 7
Sentido de elefante: ¿Hacia dónde miro? 97

Las situaciones que al parecer no tienen relación, tanto de palabra como de obra, lo impulsan hacia delante. A veces no hace sentido, pero los cambios en usted están obrando para su bien y para el bien de su hijo. Usted descubre la provisión en donde jamás imaginó que fuera posible.

Capítulo 8
Ranúnculos bajo el hielo: ¿A esto se le llama progreso? 113

La perseverancia realista, como la de la tortuga y la liebre, comienza a rendir frutos. El sufrimiento es real, pero se encuentra a sí mismo tarareando una nueva canción. En medio de todo, su paz va en aumento. Usted está atento y espera esos pequeños matices de cambio, mientras que avanza poquito a poco hacia la meta.

Capítulo 9
El corazón de león a la espera: ¿Me oye rugir? 127

Desfallecer con cualquier mala noticia ya no es opción. Usted ya no es esa persona (bueno, tal vez todavía está en el proceso de dejar de serlo). Sin importar cuántas veces atraviese esas situaciones, cada una que pasa lo hace más fuerte, más capaz de resistir incluso las tormentas de proporciones huracanadas que podrían tentarlo a darse por vencido.

Capítulo 10
Las semillas robustas crecen en cualquier lugar: ¿Ya es primavera? **141**
Las comparaciones pueden ser su peor enemigo, pero ¿quién puede resistirse a ellas? El contentamiento en medio del laberinto de preguntas lleva a sus lágrimas a un nivel más profundo de sabiduría. Gratificante. Valioso. Un privilegio. Con una sonrisa interna, se repite a sí mismo esas palabras. Usted está más que redefinido. Usted está siendo refinado y está viviendo la transformación.

Capítulo 11
Carcajada de gracia: ¿Qué acaba de suceder? **159**
Gran remedio es el corazón alegre. Usted y su hijo están descubriendo el misterio tanto físico como emocional del humor, la risa y, de vez en cuando, de gozo indescriptible.

Capítulo 12
Reposo y rejuvenecimiento: ¿Dónde está mi almohada? **177**
Comienza a despertar a la expectativa de que Dios lo haya tocado mientras dormía dándole renovada esperanza, visión, sueños, destino, ideas y dirección. La presencia amorosa y personal de Dios lo invita a vivir el significado de ir para estar con Él.

Capítulo 13
Pruebas, triunfos y conexiones: ¿Ocurren milagros? **185**
Jesús convirtió el agua en vino en Caná, en la fiesta de una boda. Él cambia lo natural en "natural con infusión de Dios" para deleite y sorpresa de todos. Al cambiar su perspectiva, descubrirá intervenciones milagrosas que jamás supo que existían. Usted acepta un fuerte sentido de expectativa por el futuro.

Capítulo 14
Infinito finito - ¡Limitado pero ilimitado! **195**
Las definiciones de su vida son transformadoras. Usted tiene un ADN inherentemente espiritual, semejante al de Dios –los rasgos familiares de Dios. Usted y su hijo son valiosos para Él. Usted es absolutamente Suyo, aunque nadie más en la familia "vuele igual a las otras aves". Su comprensión del propósito y valor de la vida es reemplazada por las perspectivas bíblicas y eternas. ¡Las puertas de la limitación son arrancadas de su lugar!

Epílogo: La trompeta de palabras proféticas 213

Notas 217

Acerca de la autora 221

Reconocimientos

Estoy agradecida con toda mi familia, amigos, líderes ministeriales, profesionales, autores, escritores y muchos otros que han aportado al material que aquí presento. Muchos de ellos se encuentran en las categorías que siguen a continuación. Estoy profundamente agradecida por el corazón de cada uno y su participación.

<u>Familia</u>
Mi esposo, Tom Mangum
Cordell Mangum, mi hijo; Meredith Henderson, mi hija, y Vanessa y Tim Propersi, mi hija y yerno
Mi hermana y cuñado, Carole y Russ Mangum
Mi sobrina, Roxanne Nilsen y su esposo, Ed

<u>Líderes ministeriales</u>
Jana Comer, Lonnie Crowe, Naomi Dowdy, Gary Dunahoo, Cheryl Erbes, Susan Hafner, Fran Hallgren, Lana Heightley, Jane Hansen-Hoyt, Barbara Peters, Marnie Piuze

<u>Profesionales en la Consejería/Terapeutas, Terapistas</u>
Carmenza Herrera Mendez, Bill Peters, Michelle Phillips, Faith Raimer, Angela Timmons, Laurie Vervaeche, Emily Zimbrich

<u>Autores</u>
Nancy B. Miller, Doctora en Filosofía con Maestría en Trabajo Social, por sus conocimientos en el libro, *Nobody's Perfect*
Joni & Friends, sus charlas, blogs y materiales
Cindy Steinbeck, autora de *The Vine Speaks*
Melanie Boudreau, autora de *Toppling the Idol of Ideal*

<u>Autores que colaboraron</u>
Jeff Andrus, Camille Block, Chuck y Melanie Boudreau, Mark e Elaine Brown, Denette Dixon, Cheryl Erbes, Ron Lucarelli, Carol Martin, Justin Rice, y Sandra Yaroch

Otros

Maestros de Aulas para Educación Especial y Paraprofesionales
Padres que enviaron sus historias personales empleando seudónimos
Padres en general que me inspiraron con su valor y dedicación
Los niños y jóvenes en las escuelas en donde serví como maestra auxiliar
Escritores, Músicos y Cantantes que me inspiraron: Ed y Roxanne Nilsen
Shannon Smith, Coordinadora de Oración
Karla Labbé-Noriega, traductora
Mi editora Karen Roberts, por su corazón amoroso y su fiel perseverancia en el proceso de Edición

Introducción

Me maravillo al ver cómo las pequeñas ideas y pequeños pasos con frecuencia resultan ser trampolines para experiencias que atesoro. Una de las experiencias más enriquecedoras de mi vida ha sido trabajar con niños con necesidades especiales y liderar un grupo de apoyo para los padres de esos niños, se ha convertido en un trampolín para que yo hiciera este libro.

En ese tiempo, yo tenía tres hijos en edad escolar y yo misma asistía a clases para terminar mi carrera en la educación superior. Sería ideal, pensé yo, si pudiera encontrar un trabajo que me permitiera estar en casa cuando mis hijos no estén en clases y me quede tiempo para poder hacer mis tareas. Ocupar el puesto de asistente de educación especial para la escuela local del distrito parecía ser la respuesta a todos esos requisitos.

Lo que comenzó como un día o dos de trabajo de asistente, me llevó a meses en una misma materia y luego a un año completo en otra. Así comencé el viaje que pensé que tomaría solo dos años, pero que se extendió una y otra vez. Tenía la sospecha de que Dios buscaba algo más en mi vida.

Rápidamente descubrí que esas materias requerían de más energía de la que en un principio anticipé. Al empezar a observar a los padres de familia, me di cuenta de que su nivel de incesante y arduo trabajo, además del estrés emocional, jamás terminaba en comparación con el mío.

TRANSFORMACIÓN PERSONAL

La vida siempre se ve más fácil a la distancia, ¿no le parece? La mayoría de nosotros podemos aprender y adaptarnos a un nuevo grupo de destrezas cuando las elegimos, especialmente si éstas son simples y repetitivas. Mis desafíos que requerían de destrezas nuevas eran tanto externo como interno y descubrí que mis actitudes internas eran las más difíciles de manejar. Podía elegir. ¿Me apagaría por dentro mientras hacía la tarea por fuera o cumpliría mi rol desde adentro, con perspectiva y provisión provenientes de Dios?

En el viaje, encontré enorme aliento e indescriptible belleza. Ahora, al ver hacia atrás, me doy cuenta de que puedo cambiar el título de las historias emocionales y espirituales. Una vez estaban en la categoría de Deberes y Desilusiones; ahora la categoría se intitula Aventuras Reales. Los títulos de la historia han cambiado a lo largo del tiempo, pero además yo misma he cambiado. Soy una persona diferente de la que solía ser, agradecida por los niños, los padres y la intervención de Dios.

Y, LUEGO

En mi clase, Kirk tenía días muy difíciles. Gritaba y se jalaba la ropa cuando sus medicinas no eran bien dosificadas. Después, cuando yo miraba por un momento en otra dirección, Mary se llenaba la boca de pasta para manualidades y antes de que pudiera hacer algo, Jerry se paraba aterrorizado en la esquina de la clase y ¡quién sabe a qué le tenía terror esta vez! Estos escenarios y muchos más se repetían una y otra vez. Pesaban enormemente en mi cuerpo, mente y espíritu.

Cuando fui la auxiliar durante un año, fui una de los tres adultos que continuó con las muchísimas cargas adicionales y necesarias provocadas por la batalla de la administración del colegio con los recortes de presupuesto. Al inicio, me impresionó lo mucho que había que "dar" y me asombraba la disposición con la que mis dos colegas suplían y abordaban cada desafío. Aun así, teníamos días en donde la concentración intensa y el derroche de energía pasaban factura.

Una mañana, durante el receso, un colega tuvo que decir mi nombre tres veces antes de que yo le prestara atención. Yo estaba en otro mundo, con tanta preocupación en mi mente por causa del tiempo tan intenso que habíamos tenido en clase y tratando de reunir toda mi determinación para enfrentar lo que venía en diez minutos. Al terminar ese día de clases, yo pendía de un hilo. De pie en el césped de la escuela con la mirada perdida en el horizonte lejano, veía a los niños abordar el autobús. Si es que pensaba, solo podía ser en llegar a casa. En una escala de 1 a 10, el cero ya no contaba en nada. Cero. Bueno, cero más ½.

Fue en ese momento en el que me llegó una idea de Dios. Inesperadamente comencé a pensar en los padres que abrazarían a esos niños al llegar a casa. Supuse yo que ninguno de los padres tenía títulos en enfermería o pedagogía. Que no recibían ningún cheque de pago por ocuparse de su propia familia. Si se retiraban a un mullido sofá en la noche para quitarse los zapatos y olvidarse de los sucesos del día, probablemente no podrían relajarse completamente suponiendo que sus chiquitos descansaban pacíficamente en sus camas toda la noche.

El trabajo duro en el aula era una cosa. ¿Cómo sería en sus casas? Yo pensé que en casa debía de haber una variedad de luchas: posibles tristes desilusiones, temores constantes, frecuentes visitas al médico e informes negativos, frustración casi continua y, muy probablemente, conflictos familiares. De repente, sentí que me perforaban el corazón con compasión. Lo que me resultó abrumador en ese momento fue que el trabajo de los padres continuaba, incesante, día y noche sin final, durante semanas, meses y años que se extendían a una inmensidad impredecible. Aun cuando los días tenían sus momentos de risas, diversión y cariño, ¿cómo podían ellos no sentirse heridos, abandonados, agobiados y, a veces, totalmente exhaustos?

Al sentir ese dolor interno pensando en los niveles de sacrificio y desafíos que atravesaban esos padres pensé, Alguien que no tiene un hijo con necesidades especiales debería hacer algo por ellos.

ORACIÓN RESPONDIDA

Esa noche empecé a orar con un nuevo enfoque en mi oración, buscando qué podía hacer yo. Había trabajado con niños y jóvenes entre las edades de 2 a 18 años, niños con una gran variedad de problemas físicos y emocionales que estaban siendo tratados tanto en el distrito escolar como en el hospital psiquiátrico local. No estaba convencida de poder encontrar un camino que generara paz empoderada con gracia.

Al seguir escuchando y orando, mi deseo más inmediato se concentró en lo que necesitaba en el ínterin, en esos momentos de cada rutina diaria. En ese momento de revelación, fue como si yo hubiera estado en el tiempo personal de oración de cada uno de esos padres. Me vi orando con ellos, así como también orando por ellos:

> *"Padre celestial, hasta que te vea cara a cara o en la respuesta que busco, que pueda yo ser hallada en tu gracia que permanece y mi alma sea aquietada por tu paz."*

Recibí mi respuesta, o al menos parte de ella –al habitar en la gracia y en paz. ¿Quién de nosotros, indistintamente de la salud de nuestros hijos, no necesita más gracia o paz? Tal vez yo podía ofrecer un tiempo de refrigerio que pudiera promover una experiencia con mayor saturación de estas virtudes otorgadas por Dios.

DIRECCIÓN

El grupo que yo quería reunir incluiría a padres y cuidadores que venían de diferentes tradiciones de fe. Todas las cosas, creía yo, venían del amor excepcional y la sabiduría sin paralelo de Dios. Incluían cualquier beneficio de arte y ciencia, los últimos avances en medicina, así como muchos modelos de bienestar de la psicología. Había muchas direcciones en las que podía avanzar. Yo estaba abierta a todo lo bueno. ¿Qué camino debía elegir?

Y ahí estaba mi obstáculo. Mi experiencia era enseñando en clases de educación especial. Yo misma tenía a un hijo con síndrome de déficit de atención moderada. Dudaba que esas experiencias por sí solas indicaran que yo estaba calificada. Yo no era terapeuta ni médico, por lo que me preocupaba que mi falta de educación en la sicología práctica frenara la efectividad del grupo que se estaba reuniendo y dudé de mi habilidad para facilitar dichas sesiones.

UN CHICO AL RESCATE

Mi sueño comenzó a apagarse. ¿En qué estaba pensando? Una mañana, mi estudiante asignado, Ryan, corrió hacia mí en clase. "¡Señora Mangum! ¡Yo salgo en un libro!" Su expresión brillaba como un arbolito navideño cuando me dio bruscamente un folleto. Éste anunciaba un libro titulado *Nadie es perfecto: Cómo vivir con niños que tienen necesidad* por Nancy Miller, doctora en psicología que daba clases en la UCLA en ese entonces.

Compré el libro y devoré sus revelaciones acerca del mundo de los padres de niños con necesidades especiales. No era un libro que se encontrara en las estanterías religiosas en la librería, debido a su enfoque. Al leerlo, los conceptos presentaban la validación de padres junto con la aplicación práctica. Ahora, yo tenía un auxiliar perfecto para el grupo. Una vez más estaba encendida para empezar. Con Nadie es perfecto en el trampolín, me sentía confiada de poder propiciar un tiempo seguro y revitalizador junto.

Una vez que inició y empezó a progresar el grupo, la autora del libro, la doctora Miller, y Joni Eareckson Tada, del Ministerio Mundial Joni and Friends, muy amablemente cedieron un sábado para impartir un seminario de un día completo para nosotros. Después, la doctora Miller y yo intercambiamos ideas para colaborar y ella me animó a seguir adelante con la idea del libro. El tiempo y la vida tomaron precedencia sobre ello hasta ahora, pero estas páginas no existirían sin la inspiración de Ryan, de la doctora Miller y de Joni Eareckson Tada en aquel primer grupo.

LA BUENA BATALLA

Los padres que decidieron ser parte del grupo y se reunían cada semana para darse ánimo, intercambiar ideas, hacer una red de los servicios que cada uno había descubierto y para participar de las perspectivas amorosas de Dios para sus circunstancias. Tal y como yo lo esperaba, venían de trasfondos diversos, sus hijos tenían distintas necesidades, pero ninguna de sus diferencias importaba. Estaban unidos para compartir lo que cada uno tenía. Su trabajo arduo, resiliencia y actos de amor demostraban una increíble fortaleza de carácter. Desde mi perspectiva podrían haber dirigido una nación de manera honorable si se les daba la oportunidad de hacerlo, pero en lugar de ello, estaban derramando sus vidas por amor a sus hijos.

Buscaban paz para refrescar su alma y gracia para mantenerse enfocados y ser efectivos. A veces batallaban para mantener su enfoque positivo, pero aun así, se extendían hasta que comenzaron a sentir tangiblemente la gracia de Dios y Su paz sobrenaturalmente activada por la gracia. Cuando algunos se dolían por la crudeza del sufrimiento, escuchar historias de cómo la gracia y paz recién descubiertas sobrepasaban hacia sus familias y hacia los que los rodeaban nos mantenía a todos esperanzados.

Mi oración era que su influencia fuera más allá de lo que ellos pudieran imaginar fuera posible. También oraba para que lo que me habían inspirado en mí algún día pudieran dirigir a otras almas desilusionadas y desgarradas por el trabajo de encontrar sanidad en la "paz de Dios que sobrepasa todo entendimiento" que ofrecen la gracia y paz multiplicadas de Jesucristo. (Filipenses 4:7, 1 Corintios 1:3, 2 Pedro 1:2)

VALORES CENTRALES

Al recorrer el camino con el grupo, me di cuenta de que los padres de niños con necesidades especiales a menudo luchan por definir sus valores centrales. Consciente o inconscientemente buscan un sistema de dirección que determine el valor de la persona en una familia y en la sociedad. Algunos luchan repetidamente con su sentido personal de habilidad en esta identidad nueva, con estas funciones. Otros quedan abrumados por las complejidades de tener identidades múltiples que van más allá de las realidades estáticas como la de que cada uno es humano o de que cada uno es hija o hijo.

Cuando ocurre un evento traumático o cuando se diagnostica una condición, aprendí que las etiquetas de identidad personal y los marcadores pasados de identidad giran descontrolados o quedan temporalmente inmovilizados por el trauma. Tarde o temprano, los padres de estos niños y jóvenes con necesidades especiales harán preguntas como "¿Quién soy ahora?" y "¿Cómo me describo a mí mismo?" y "¿Cómo me describen los demás?" y "¿Cómo proceso estos cambios?"

ESTE LIBRO

Este libro tiene la intención de motivar a los padres y a los cuidadores que se enfrentan a cambios desafiantes en los valores centrales debido a situaciones y condiciones en la vida de su hijo. Las historias personales incluidas pueden ser de personas que recorren un camino diferente al suyo, pero que pueden elevarlo en su viaje, fortalecer sus convicciones, validar sus anhelos y energizar su espíritu mientras procesa la vida diaria y la paternidad a través de la limitación o enfermedad mental o física de su hijo.

Incluidos en este libro están los escritos de la terapeuta Faith A. Raimer, terapeuta Licenciada para Matrimonios, Familia y Niños, conferencista y autora que ostenta una Maestría en Terapia Matrimonial, Familiar e Infantil y una licenciatura en Psicología y Negocios. Estoy agradecida por su colaboración, así como también por su amistad y sabiduría al leer ella este material y aportar comentarios desde su vasta experiencia. El libro también incluye comentarios de la consejera Carmenza Herrera Méndez, quien es una terapista bilingüe del habla y lenguaje con más de quince años de experiencia en la práctica pediátrica clínica en Colombia y Singapur. Ella es la fundadora y directora de "Hábilmente", un Centro Privado Pediátrico de Terapia para Niños en Colombia.

Hay contribuciones valiosas incluidas de la consejera Michelle Phillips, licenciada en Terapia Matrimonial y Familiar, además de Psicóloga Escolar Certificada a nivel nacional; la consejera Angela Timmons, con Doctorado en Administración Pública y Trabajadora Social con Licenciatura Clínica (DPA y LCSW, respectivamente, por sus siglas en inglés) de la Universidad del Estado de California en las Islas Canal, quien también es músico y conferencista; la doctora Laurie Vervaecke, licenciada en Consejería Clínica y licenciada en Consejería Clínica Cristiana (LCPC, LCCC, por sus siglas en inglés), y la consejera Emily Zimbrich, licenciada en Consejería (LPC, por sus siglas en inglés) y Supervisora Consejera de Dependencia Química (CDCS, por su siglas en inglés).

Una característica especial de este libro es el material interactivo al final del capítulo. La sección ORE da palabras como un modelo que usted puede pronunciar de vuelta a Dios para empezar una oración a Él y ver hasta dónde lo llevan sus propias palabras. La sección REFLEXIÓN ofrece varias invitaciones para ayudarlo a procesar, de maneras específicas para su propia vida, qué es lo que leyó y pensó del capítulo que terminó de leer. Lo animo a que acepte el desafío de interactuar con al menos una opción de REFLEXIÓN en cada capítulo. Puede elegir escribir sus pensamientos en el proceso.

Ya que el material interactivo al final del capítulo podría requerir de bastante tiempo y esfuerzo adicional de su parte, tal vez desee leer solo un capítulo por semana.

Finalmente, aunque no menos importante, he intercalado mis propias reflexiones en cada capítulo: poemas y oraciones y pensamientos de consuelo, como el que a continuación comparto:

Infinito Finito

Un destello de fe
y vi algo de caridad,
escuché con absoluta claridad
varias palabras de esperanza
de otros que supuse eran
mejores que yo en esta carrera.
Luego, uno pareció flaquear,
y me escuché hablar,
"Está bien, caminaré un poco contigo."
Como respuesta, su mirada decía
que yo en Su gracia me extendía.

Capítulo 1

Temor Inicial: ¿Quién soy?

Susto, preocupación y temor –reacciones naturales– que pronto serán reemplazadas por nuevas expresiones de una realidad positiva y una identidad de honra

Todos hemos experimentado un temor inicial en algún momento u otro. Ya sea por el precio de una nueva televisión o la casa por la que tanto esperamos y que cuando llega, nos aturde por el costo. El susto de la identidad es muy parecido al susto inicial.

La identidad del padre o madre de un chico con necesidades especiales tiene sus propias respuestas a los temores iniciales. Las reacciones iniciales pueden ser, "¿Yo? ¿Ahora? ¿Por qué?" y "Sin duda, es una broma". Luego vienen otras preguntas más importantes como, "¿Cuánto más será el precio en lo emocional y lo financiero? ¿Qué pasará ahora con mi carrera? ¿Podré pagar el precio?" Las preguntas cambian rápidamente de "¿Quién soy ahora?" a "¿En quién tendré que convertirme como padre de un hijo con necesidades especiales?" Al leer este libro, probablemente ya experimentó algunos cambios en su identidad.

CAMBIO EN LA IDENTIDAD: LA VIDA ESTÁ CAMBIANDO

Gloria nos cuenta de la primera vez que se encontró con ese temor inicial como madre de un hijo con necesidades especiales. Al empujar su carretilla de compras por el pasillo con su pequeño hijo dentro de ella, un comprador que no podía creer lo que veía se inclinó a ella para susurrarle, "¡Caramba! De seguro cometiste un crimen en el pasado o hiciste algo terrible para provocar que tu hijo sea tan enfermo." Absolutamente estupefacta, Gloria quedó tan asombrada que no pudo responder a ese increíble nivel de crueldad. Siguió empujando su carretilla intentando terminar sus compras.

Desafortunadamente, los padres de hijos con necesidades especiales sí se topan con personas insensibles, ignorantes en ese momento, personas que parecen tener un deseo innato por etiquetar lo que no entienden. Afortunadamente, Dios le asigna un valor mucho más alto a nuestra identidad que ellos. Él tiene la llave de nuestro proceso de desarrollo y que es el poder de la transformación.

***

Lucas 10:25–37

Miedo, miedo
¿a qué le tienen miedo?
A la necesidad misma
que los trajo acá.

Ayúdalos a ver a Jesús,
sus ojos, Su corazón.
Ayúdalos a ver a Jesús,
Tu amor imparte.

Y, luego, sabiendo o no
lo que hacen,
Cuando a Jesús vean,
Tu misericordia resplandezca.

***

REEVALUACIÓN DE LA IDENTIDAD: MANTENER UN ENFOQUE SALUDABLE

¿Qué pasaría si a una pareja se le aconseja comprar una propiedad de negocios muy cara con la expectativa de que generará enormes utilidades a futuro y luego, después de un año, todo el negocio fracasa? Su sueño, al parecer, resultó ser nada más que arduo trabajo con poca ganancia personal. ¿Cómo se sentirían? Frustrados, aturdidos, enojados, tal vez avergonzados y, ¡ciertamente, engañados!

Las vacaciones con las que soñaban cuando la propiedad empezara a generar grandes utilidades ya no serían posible. Con nostalgia veían los folletos de vacaciones. Iban a ser en una isla en donde hablan francés. Habían, incluso aprendido un poco el idioma, pero ahora debían cancelar el viaje.

Luego, un amigo que entendió su desilusión les ofreció un regalo en lugar del viaje, un crucero a Alaska con una aventura geológica de rocas en tierra. Aceptar este regalo tan generoso requería de un ajuste considerable con cambios drásticos de planes. Hora de un ajuste de la realidad.

Primero lo primero. Reevalúan su situación. Hacen un esfuerzo titánico por mantener una perspectiva saludable. Se enfocan en lo positivo. ¿No puede ser tan malo, no es cierto? Revisan nuevamente las muchas excelentes promesas del crucero con comida exquisita, entretenimiento y paisajes. Viajar con un grupo de "sabuesos de rocas" podía ser intelectualmente alentador. Tal vez podrían ver un raro tesoro y descubrir una transformación personal que los espera en ese buque rumbo a Alaska. Mientras están en búsqueda de tesoros rocosos, bien podrían encontrar una belleza no descubierta de la naturaleza. Hasta podrían encontrar depósitos de oro resplandeciente justo ahí en su ambiente natural. Era un regalo inesperado, una oportunidad de ampliar sus horizontes cuando decidieran sacarle partido.

Este proceso de evaluación puede ser similar a lo que los padres experimentan luego del temor inicial cuando descubren por primera vez que serán padres de un hijo con necesidades especiales. Sus circunstancias inminentes exigen pensamiento claro, paciencia y amor por sí mismos y por su hijo y demandan de decisiones críticas cuando todavía están en estado de shock. No hay tiempo para sentarse y evaluar las opciones. Deben tomar decisiones sin el beneficio del debido proceso en el que normalmente confiarían.

¿Qué cambió para estos padres ahora? Ciertamente no son aquellos emocionados turistas que hablan francés vestidos de atuendo tropical, calentándose bajo el sol. Como padres de hijos con necesidades especiales, deben aceptar una nueva identidad en todos los aspectos de su vida. ¿De qué manera afectará esta nueva identidad sus rutinas diarias, y cómo afectará la calidad de su vida familiar en general? ¿Cómo se puede esperar que procesen todos los nuevos sentimientos mientras que están en un estado constante de presión y niveles variables de escepticismo y dolor? ¡Es importante respirar profundamente, sonreír internamente cuando sea posible, reenfocarse y aceptar la decisión de confiar en Dios a lo largo del viaje!

***

Oración por gracia en medio de los desafíos

Amado Padre celestial, lo que era ha dejado de ser. Lo que se requiere es mucho más. Sumérgeme en tu amor que me equipa, vísteme para los desafíos que vienen. Elijo confiar en la definición que Tú tienes de mí y en tu gracia que me transforma en lo que me estoy convirtiendo. En el precioso nombre de Jesús, yo creo; ayúdame con mi incredulidad. Elijo apoyarme en el poder de tu Espíritu Santo. Recibo tu gracia que me capacita.

***

BÚSQUEDA DEL TESORO

Afortunadamente para la mayoría de padres de hijos con necesidades especiales, la transformación positiva de su identidad emerge pronto a la hora de la transición. Aunque posiblemente y sin quererlo al inicio, su nueva identidad y su sistema de valores pueden convertirse en una insignia de honor privilegiada. Descubren tesoros a medida que sus valores adquirieren nuevas dimensiones. Se encuentran deseando aquello que hacía unas semanas o meses ni siquiera sabían que existía. Disfrutan lo que ni siquiera soñaron que pasarían tiempo haciendo. La revelación de una relación más profunda con su Padre celestial es preciada, y el pensamiento llega sobre ellos al ver que pueden ser transformados.

Los auto descubrimientos, algunos de ellos definidos y refinados por las necesidades particulares del niño, son generalmente abrumadores. Los padres descubren que ellos también tienen enormes necesidades especiales. A lo largo del camino, al encontrar esas pausas de paz estabilizadora de Dios, el viaje se convierte en uno de transformación y afirma su determinación y dedicación.

Roxanne y Ed comparten la desgarradora historia de su viaje de lo que ellos consideraban una vida normal hacia su shock de identidad personal en cuestión de semanas.

¿Cómo debe de ser nuestra vida?

Estábamos embarazados con nuestro primer bebé, ambos teníamos empleos fantásticos éramos dueños de nuestro primer apartamento. Mi fecha de parto era el primero de septiembre y yo tenía planeado dar clases justo después de dar a luz. Pero luego vino el giro. Mi parto fue sumamente difícil y tuve hemorragia posparto por lo que estuve hospitalizada una semana antes de poder volver a casa con nuestro hijo. Por órdenes del doctor no pude volver a la escuela sino hasta seis semanas después.

Cerca de la sexta semana, al prepararme para volver a trabajar, decidí llevar a nuestro hijo Drew al pediatra para su chequeo de seis semanas, aunque también habíamos ido a nuestro chequeo de la segunda semana y todo estaba muy bien con él. Esta vez, la pediatra estaba muy silenciosa durante su examen. Hizo varias preguntas y luego salió del consultorio. Después de lo que pareció una eternidad, regresó con una expresión muy solemne y dijo, "Su bebé tiene una falla en el corazón. Necesitan ir con un especialista inmediatamente".

En ese tiempo yo no entendía plenamente a qué se refería. ¿Falla en el corazón? ¿Quiso decir ataque al corazón? No podía pensar. No podía hablar. Le pregunté que a quién llamaba y ella dijo que ya había llamado y que el doctor me estaba esperando. Me advirtió que condujera el vehículo con prudencia. ¡Conducir prudentemente, claro! Ni siquiera podía presionar el botón del ascensor para llegar al estacionamiento.

Cuando finalmente recuperé mi compostura y bajé las escaleras, llamé a mi esposo. Y luego, de alguna manera, llegué a la clínica del doctor, un cardiólogo pediatra, y esperé al siguiente examen mientras revisaba que mi bebé siguiera respirando.

Usted dirá, "Seis semanas, ¿cómo no supo que había algo mal con su bebé durante seis semanas?". Durante ese tiempo yo estaba muy débil y en recuperación. Había contraído una infección bacteriana y tuve que ser re hospitalizada. Mientras tanto, yo seguía dando lactancia materna a nuestro bebé. Él subía de peso, dormía y hacía todo lo que los bebecitos hacen sin ningún problema.

A pesar de estar recibiendo todas las señales correctas de un bebé saludable, pronto me enteraría que el ducto arterioso persistente o conducto arterioso persistente (CAP) había afectado a mi hijo. Es una condición en la que un ducto que está abierto in vitro para que la madre y su hijo compartan sangre oxigenada permanece abierto luego del parto. Por lo general se cierra poco después del nacimiento; sin embargo, en el caso de nuestro hijo, siguió abierto.

Fue después de la intensa cirugía y que nuestro hijo batallaba por su vida, con la ayuda del equipo que mantenía sus signos vitales constantes, que supimos toda la verdad acerca de su condición. Nuestro hijo había nacido con múltiples defectos cardíacos.

Como sospechará, una larga lista de emociones tales como miedo, enojo, dolor emocional y extrema negatividad acompañada de un agotamiento extremo impactaron a Roxanne y Ed Nilsen como un tren de carga montaña abajo.

Roxanne continuó el proceso de su nueva identidad. "Yo pensé, Dios, ¿por qué a él? ¿Por qué a nosotros? No bebí una sola gaseosa dietética e hice todo bien durante el embarazo. ¿Habré olvidado tomar alguna vitamina muy importante? ¿Será posible que la condición de mi hijo fuera provocada por el ADN en la genética familiar? Tengo que admitir que también tenía dudas nada piadosas como, '¿Por qué a nosotros y no un chico de secundaria y su novia que resultó embarazada? ¿Por qué no esa persona que acaba tener lo que siempre consideramos un bebé normal pero que consumió drogas durante su embarazo? ¿Acaso no habíamos estado siguiendo a Cristo como debíamos hacerlo?"

Ella y Ed vivieron momentos, días y años drásticos que cambiaron las reglas del juego de su vida. Ellos ya tenían una conexión y relación sólida con el Espíritu de Dios y con el tiempo llegaron a tener paz con su rol vital en la vida de su hijo. A lo largo de los años descubrieron que, sea que las emociones validen esta verdad o no, es un honor que se nos confíen hijos, cualquier hijo.

Roxanne y Ed sabían que Dios les había dado a Drew como su hijo. Ellos pudieron experimentar el gozo y honor de ser sus padres. Con Drew compartieron muchas carcajadas además de un torrente de encuentros amorosos, muy atesorados.

"Dios conocía nuestro futuro," dijo Roxanne. "Con el tiempo aceptamos nuestras circunstancias como padres y comenzamos a descubrir habilidades y fortalezas que no sabíamos que poseíamos. Nuestro hijo nunca se recuperó plenamente. Su vida fue corta, pero nos aferramos a Proverbios 3:5-6 (RVR1995) "Confía en Jehová con todo tu corazón y no te apoyes en tu propia prudencia. Reconócelo en todos tus caminos y él hará derechas tus veredas".

Siendo músicos talentosos, Roxanne y Ed pudieron incluir su viaje en varias de sus canciones que hablan de la provisión de Dios durante tiempos difíciles y de su profundo amor por su hijo, Drew.

***

Mientras esté aquí
por Roxanne y Ed Nilsen
(usada con autorización)

(Estribillo)
Cantaré mientras esté aquí
del amor que se abre camino a través de las lágrimas
del día en que espero ver
que con tus ojos me veas...

***

La terapeuta Faith Raimer comparte lo que ella entiende por el shock de identidad.

De entumecido al nuevo normal

El shock es el resultado de una sacudida o sorpresa inesperada que hace temblar el sistema humano: cuerpo y mente. Alarmado y armado, el cerebro envía señales para que se dé una descarga inmediata de electricidad que estimule los nervios y los músculos para prepararse para la acción. En el mundo animal esa respuesta física básicamente significa una de dos reacciones: pelear o huir. Un oso pardo que ve a otro oso entrar a su territorio especial, bien aperado de salmones, actuará para conquistar o ceder.

La reacción de pelear o huir es innata en los seres humanos también pero, a diferencia de los animales, nos ha sido dada una mayor habilidad de considerar todas las opciones antes de tomar una decisión sabia. Normalmente, vemos antes de saltar. Pero eso no es así cuando hay un shock. Cuando la vida le lanza una bola curva, no estamos preparados y podemos quedar aturdidos y entumecidos, incapaces de responder. La mente no se ajusta inmediatamente a algo impensable. Más bien reacciona a la nueva realidad con incredulidad, un rechazo mental a lo que es la verdad. Esta reacción no es ni inusual ni enfermiza—siempre que sea temporal.

La clave para que usted pueda pasar de estar entumecido a su definición de normal es la aceptación. La aceptación puede o no indicar aprobación, pero sí permite tender un puente que quedará establecido entre su realidad y la percepción que usted prefiere tener de ella. Usted es más capaz de dar los siguientes pasos.

Mis clientes han encontrado útil una frase que acuñé para esos momentos: "Puedo manejar incluso aquello que no puedo controlar". Me ha funcionado muy bien en más de una ocasión. Significa que no siempre podemos controlar nuestras circunstancias, pero podemos manejar cómo lidiamos con ellas. Eso es una herramienta útil, también.

Otra herramienta es pensar en términos de "hasta ahora". Hasta ahora, estaba ansioso y temeroso. Hasta ahora estaba confundido y me consideraba inadecuado. Pronunciar declaraciones como éstas permite que usted reconozca lo que usted cree ser cierto en ese momento. Además, abre el camino para el cambio. Es posible que usted provoque un cambio positivo a lo que sea mejor para usted, a partir de ahora.

Estas herramientas han probado ser útiles una y otra vez para ayudar a manejar y efectuar un cambio positivo, pero hay una herramienta aún mayor que es suya y que está disponible. Esta llave es un regalo de Dios que puede transportarlo mucho más allá de su condición actual. Puede ayudar a abrir puertas que hasta ahora habían estado cerradas y bajo llave. También puede ayudarlo a cruzarlas desde este momento hasta la recompensa. La llave de Dios es Su amoroso regalo de la gracia que lo ayuda a abrirse a la perspectiva de Él, aun en esos momentos en los que las cosas se ven inciertas o imposibles. "El Señor está cerca. Por nada estéis angustiados, sino sean conocidas vuestras peticiones delante de Dios en toda oración y ruego, con acción de gracias. Y la paz de Dios, que sobrepasa todo entendimiento, guardará vuestros corazones y vuestros pensamientos en Cristo Jesús." (Fil. 4:5b-7)

Qué reconfortante saber que Dios quiere guardar su corazón y mente para este momento, todo el tiempo y para siempre. Solo Dios puede hacerlo. Solo Dios. Clame Su nombre, "Jesús". Susúrrelo, dígalo en voz alta o en voz baja, repítalo hasta que su paz interna esté restaurada. Él espera a su puerta. ¿La abrirá?

TESOROS: LA DECLARACIÓN DE LA NATURALEZA

El cielo y la tierra declaran la gloria de Dios y revelan bellezas ocultas (Salmos 19:1). Dele un vistazo a los glaciares de Alaska y a las majestuosas sequoias al norte de California, a la consistencia de las olas del océano que van y vienen día tras día en su playa favorita, o al extravagante detalle de la flora cerca de usted. Busque esos toques de Su maravillosa creación en los cielos, así como en los amaneceres, atardeceres y noches estrelladas. Al tomarse el tiempo para reflexionar en las maravillas de la naturaleza, se dará cuenta de que usted está inspirado y asombrado por la obra transformadora de Dios.

Al contemplar Sus tesoros, Sus pensamientos se convierten en los suyos. Su carácter se manifestará en usted cuando menos se lo espere y Su amor tomará por sorpresa a su habilidad emocional de amar. El consuelo de Dios libera momentos espectaculares al surgir los indicios de gozo en su vida otra vez.

Las Escrituras que Jesús citó de Sí mismo en el Antiguo Testamento en Isaías 61:1-3 se convierten en su testimonio personal de Su amor espectacular: "El espíritu de Jehová, el Señor, está sobre mí, porque me ha ungido Jehová. Me ha enviado a predicar buenas noticias a los pobres, a vendar a los quebrantados de corazón, a publicar libertad a los cautivos y a los prisioneros apertura de la cárcel; a proclamar el año de la buena voluntad de Jehová y el día de la venganza del Dios nuestro; a consolar a todos los que están de luto; a ordenar que a los afligidos de Sion se les dé esplendor en lugar de ceniza, aceite de gozo en lugar de luto, manto de alegría en lugar del espíritu angustiado. Serán llamados 'Árboles de justicia', 'Plantío de Jehová', para gloria suya".

También hay dramática belleza y manifestaciones de Su esplendor ocultas en rocas parduzcas, ásperas, no atractivas desde afuera y al parecer, ordinarias. Algunas, al partirlas, revelan increíbles formaciones de cristales: arcoíris de colores, tesoros sorprendentes ocultos adentro por los maravillosos procesos naturales de Dios. ¿Quién se hubiera imaginado que ver dentro de las rocas podía ser toda una aventura?

Las circunstancias duras, como las rocas, contienen el potencial de momentos espectaculares, coloridos y de cristal. Dios quiere crear milagros de belleza en nosotros en lugares imposibles.

BELLEZA POCO COMÚN

Tome la lección de los geólogos cuando investigan en la historia de la naturaleza. De su lenta y laboriosa tarea va apareciendo un misterio ingenioso. El tema intrigante del lecho de roca en el que están parados transforma su labor tan tediosa en una búsqueda por una aventura real en donde se hacen descubrimientos maravillosos y geniales.

Los geólogos son exploradores de la belleza magnífica de la naturaleza, hasta en sus más humildes creaciones. La mayoría de nosotros, por otro lado, somos observadores casuales con limitaciones bastante más grandes. No tenemos herramientas para escarbar profundo en la tierra para abrir lo que podría lucir como rocas ordinarias desde afuera para poder ver la belleza oculta por dentro.

Ningún museo de arte podría igualar los deslumbrantes colores y formas abstractas que muestran las rocas. Ah, sí tan solo nos acordáramos de vernos unos a otros de esa manera.

ORE

Padre celestial, Señor Jesús, deseo ser un cazador de tesoros, un geólogo paterno en Tu reino de amor acá en la tierra. Ilumíname para conocer mi verdadera identidad como hijo de Dios, como persona de carácter, y como un padre valioso y que da vida. Capacítame para estar dispuesto a hacer el trabajo que sea necesario. Despierta y empodera mi identidad en transición. Ayúdame a encontrar paz en Tu proceso sabio que me transforma. Revela el valor eterno tanto de mi hijo como el mío. Quiero entender Tu perspectiva del valor de nuestra vida, no solo como las personas que ven y juzgan, sino como solo Tú puedes hacerlo –¡con los ojos del cielo!

REFLEXIONE

1. Como padre de un niño con necesidades especiales, usted ya se ha identificado en ciertas maneras. Usted tiene la opción de tomar o de rechazar otros aspectos de su nueva identidad que vienen de los comentarios y reacciones de otros para definirlo o etiquetarlo. Si, por ejemplo, usted está empujando una silla de ruedas y alguien le abre la puerta, usted está siendo identificado por la persona que le abrió la puerta, como alguien que merece cortesía. Es posible que usted ya haya experimentado otras y mayores expresiones de respeto, admiración, bondad y amor. ¿Puede mencionar algunas de ellas? Estas son identidades amorosas y positivas que solo alguien en su lugar tiene el privilegio de experimentar y disfrutar.

2. Tome un momento para pensar en algo hermoso que vio o escuchó recientemente y que le haya impresionado. Reflexione en la hermosura de ello. Respire profundo. Permita que se convierta en un momento resplandeciente, valioso –un regalo de Dios para usted. ¿Qué mensaje le comunica acerca de lo que usted es a los ojos de Dios?

Capítulo 2

Guerrero valiente: ¿Por qué yo?

Temor, negación, culpa y agobio que evolucionan a esperanza y disposición

El proceso transformador que lo está llevando de estar débil, alterado, confundido y temeroso a ser fuerte, confiado, despejado y osado. Usted está convirtiéndose en un guerrero valiente, capaz de enfrentar los desafíos, aun mientras procesa el "por qué yo".

Los amigos de Janice pensaban que ella podía hacerlo. Su familia estaba de acuerdo. Ella no. La respuesta de ella como reacción a sus palabras de aliento fue el mismo pensamiento de incredulidad, y a veces un grito inaudible, "¿Por qué yo? ¡No estoy capacitada, no tengo destrezas ni experiencia! ¡Esta nunca he sido yo ni nunca lo seré! Al final del día, no soy ningún héroe. ¡No puedo hacerlo!"

"Puedo identificarme con la historia de Gedeón en el libro de Jueces", dijo Janice haciendo una mueca antes de compartir experiencias de su viaje personal de 20 años como mamá de dos hijos con necesidades especiales enormemente diferentes.

"Antes de que Gedeón tuviera el momento donde fue redefinido por su encuentro con el ángel de Dios, la historia lo describe como despistado, temeroso e intentando ocultarse de los problemas inminentes. Él pensaba que sabía quién era y qué haría Dios, o sea: nada. Luego vino el temor. Dios no solo lo llama por nombre sino también redefine su identidad (su caracter percibido) y propósito al referirse a él como 'guerrero valiente' (Jueces 6:12)."

HÉROE IMPROBABLE

El libro de Jueces en la Biblia cuenta la historia de la valiosa nación de Dios desde el tiempo en que su pueblo entró a la Tierra Prometida, luego de su éxodo de la esclavitud en Egipto hacia el surgimiento de la monarquía, aproximadamente cinco siglos después. La lista de jueces antes de que se ungiera al primer rey es una lista larga y todos esos líderes eran imperfectos, algunos más que otros.

El Señor, por supuesto, es el máximo Juez misericordioso y amoroso. Él permite que Su pueblo elegido haga lo que quiere. Como resultado de su elección de alejarse de Él, los merodeadores del este "como nubes de langostas" asaltaron las aldeas, les saquearon el ganado y los cultivos y forzaron a las personas a vivir en cuevas hasta que clamaron al Señor pidiendo ayuda" (Jueces 6:5:6).

Dios, en Su misericordia, los libra al darles un nuevo juez. Él elige a Gedeón, un hombre joven que ha estado trabajando en el lagar en donde trilla un poco de trigo cosechado de un campo clandestino, ocupándose de sus propios asuntos y tratando de permanecer fuera de la vista de los saqueadores. Finalmente, Gedeón resulta ser un personaje atrevido en batalla, pero sus primeras reacciones al llamado de Dios en su vida son duda, temor y una abrumadora crisis de identidad.

Gedeón comienza al negar la instrucción del Señor cuando lo define como guerrero valiente. Él le recuerda a Dios que su familia es la menor en la nación, y que él es el menor de su familia. Él no estaba siendo modesto con esa afirmación. Él estaba absolutamente agobiado por esa auto-evaluación. (¿Le suena familiar?)

En su defensa, Gedeón estaba siendo honesto al expresar sus dudas. Cuando el Ángel se le aparece declarando, "¡El Señor está contigo, guerrero valiente!" (v. 12), ¿cómo respondió Gedeón? ¿Se irguió inmediatamente y valeroso declaró "¡Caramba, un ángel! Está decidido. ¡Dios está conmigo! No puedo perder. Viva, estoy listo. Vamos". Su respuesta no estuvo ni siquiera cerca.

En su lugar, Gedeón cortésmente hizo ver el problema actual tan molesto y el hecho de que no le parecía que Dios hubiera estado con su familia o con su pueblo por bastante tiempo ya. "Pero," le responde Gedeón al ángel, "si el Señor está con nosotros, ¿por qué nos ha sobrevenido todo esto?" ¿Estaba errado en su conclusión? El Señor los había abandonado a él y a su pueblo.

¿Quién no reaccionaría como Gedeón? Los problemas iban más allá de su habilidad de vencer. Si Dios acudía a él para que hiciera la diferencia, todo lo que podía imaginar era una derrota inminente. El futuro lucía sombrío y a él le estaban diciendo que era un guerrero valiente que podía hacer la diferencia. ¡Sí, claro!

Gedeón estaba en apuros. Usted está en apuros también. Es comprensible que mientras que usted está haciendo todo eso de ser padre en su nueva identidad, anhele que haya una dirección clara. Gedeón también, porque no podía ver ningún camino claro delante. Usted tiene un rol importante que cumplir y quiere asegurarse de estar haciendo lo que es mejor para todos. Gedeón estaba cara a cara frente a una decisión muy importante. ¿Creería él en lo que Dios decía que él podía llegar a ser o en su propio pasado? Como Gedeón, usted se enfrenta a un mensaje del ángel y a una decisión.

Sobrevivir. Eso era lo mejor que Gedeón podía hacer hasta que el Señor lo capacitara y transformara para las siguientes etapas de su vida. ¿Y usted?

SOBREVIVIR
Nancy Miller en su libro *Nadie es Perfecto* describe cuatro etapas que atraviesan los padres de niños con necesidades especiales. Tal vez las reconozca en su vida más las situaciones particulares de sus circunstancias específicas.

- *Sobrevivir*
- *Buscar*
- *Acordar*
- *Separar*

Detrás de sus cuatro palabras hay sabiduría práctica para las situaciones que está luchando por entender. Al comenzar a luchar con las emociones en cada una de estas etapas, usted se prepara para ciertas transformaciones transitorias de su identidad.

Como Gedeón, los padres de niños con necesidades especiales, están ellos mismos, en necesidad. Necesitan consuelo para enfrentar sus batallas. La historia verídica de otra persona es alentadora cuando nos declara, "Yo sobreviví, tú también puedes hacerlo".

Terry, quien fue piloto durante muchos años, dijo que la etapa de supervivencia para él se trató de causa y efecto. Él sentía que no había respuestas, sino solamente tratar de lidiar con el estrés de emergencia cada día.

Al volar, un piloto está bajo estrés de emergencia, cambia la visión y cambia la audición. Éste y otros cambios fisiológicos son de esperarse. Por eso es que la capacitación repetitiva previa en los cursos básicos es fundamental para saber cómo manejar el estrés cuando éste aparece. Se necesita de intensa concentración. Mantener las alas rectas y a nivel en el indicador de altura en el horizote es el enfoque principal –un enfoque intenso.

A Terry no le pareció que el estrés de emergencia al volar fuera muy diferente al de un papá de un hijo con necesidades especiales. Su capacitación como piloto lo ayudó a concentrarse mientras transitaba de una etapa a la siguiente. Y sí, logró aterrizar de modo seguro.

Otro papá dijo que haber sobrevivido la etapa para él significó tener unas pocas, aunque inadecuadas, respuestas. "Se siente", dijo, "como si uno está en entrenamiento en la cancha, con una máquina de tenis que lanza las bolas a una velocidad mucho mayor a la capacidad de reflejo del jugador. Uno da raquetazos en todas direcciones, suda abundantemente. Las bolas rebotan en todas las paredes y en todas direcciones. Su voz interna grita, 'Solo mantén el ojo en la siguiente bola que venga hacia ti'.

Luego de la respuesta inicial de Gedeón a las palabras del Ángel, comenzó su transición de la etapa de *supervivencia* a la etapa de *búsqueda*. Simultáneamente, se extiende lo mejor que puede y se esfuerza (da raquetazos a unas pocas bolas). Y no se detiene, insiste en esta nueva realidad de su identidad y destino iniciados por Dios.

Sobrevivir. Comienza con la realidad de aprender que su hijo tiene una limitación, invalidez, o es una persona con discapacidad mental o física. Puede ser que haya negación. Por lo general así es. Seguramente es un error. Debe haber alguna cura por ahí en alguna parte. ¿Recuerda esos minutos, horas y días (tal vez, años) angustiantes cuando se sentía fuera de control? ¿Cómo fue ese tiempo para usted? ¿Se sentía como un guerrero valiente o como alguien sumido en la preocupación? ¿Sintió enojo y deseos de negociar con Dios? Acaso tuvo pensamientos como: ¿Y ahora qué va a hacer Dios con esta situación?

La respuesta del Señor para Gedeón puede aplicarse a cualquiera en su familia que esté abrumado. Sí, ¡a usted! "Ve con la fuerza que tienes... Yo soy quien te envío." (Jueces 6:14).

Los padres activos y que toman el control son particularmente susceptibles a sentirse impotentes. Y, no transcurre mucho tiempo antes de que todos se sientan exhaustos. Los triunfos en la etapa de sobrevivencia pueden con frecuencia quedar reducidos a un objetivo: sobrevivir este día.

Al final, la historia reporta que Gedeón era un héroe de la fe transformado. No es que careciera de duda y temores a lo largo del camino, pero aprendió a apoyarse en la definición de identidad que Dios tenía para él en lugar de la suya, que era limitada. En otras palabras, Gedeón era un guerrero valiente mucho antes de que tuviera idea de que podía serlo o de que supiera qué cosas podía lograr.

Su Padre celestial quiere que toda Su familia participe en Su gran propósito. Este exquisito propósito por definición es llevar a cada uno a Su sabiduría secreta, a una sabiduría que ha estado oculta, pero que ahora está lista para ser revelada en usted y a través de usted (1 Corintios 2:7). Su máxima meta es transformarlo, "renombrarlo" para que usted vuelva a su verdadera identidad. Él tiene planeado llenarlo con Su naturaleza gloriosa, con recursos abundantes de Su bondad y gracia.

Esta es su oportunidad de considerar la definición de la identidad que Dios tiene para su rol como padre de un niño con necesidades especiales. Usted está en el proceso de la transformación de su identidad. En ello descubrirá una identidad motivante y un propósito más allá de su imaginación. Usted está emergiendo. Usted sí es ese guerrero que está en la gracia sin par de Dios. ¿Se atreve a decirlo valientemente en voz alta aun antes de estar plenamente convencido de ello? Diga su nombre en el espacio en blanco acá. "¡Yo, _____ (nombre y apellido) me estoy convirtiendo en un guerrero valiente!"

PILOTO AUTOMÁTICO

Elaine Brown recuerda haber sobrevivido en piloto automático.

Sobrevivir en piloto automático

Todavía recuerdo el día que llevé a nuestro hijo Matt a la clínica del doctor para su examen físico. Tenía 4 años y medio en ese momento. Matt estaba en clases de educación especial a causa de un problema de lenguaje. Su maestra observó que estaba teniendo dificultades montando el triciclo.

Unas dos semanas después, el pediatra nos llamó por teléfono y nos preguntó si podía visitarnos en casa. Aparece una enorme bandera roja. ¿Qué doctor hace visitas a domicilio? Mi esposo y yo estábamos sentados en la sala junto con el doctor cuando él procedió a explicarnos que Matthew tenía Distrofia Muscular de Duchenne (DMD). Estaba 90 por ciento seguro, pero quería que fuéramos al neurólogo para que le realizaran una biopsia de sus músculos.

Realmente no sé cómo describir cómo me sentí en ese momento. En aquel tiempo, el campo médico no sabía mucho acerca de la DMD excepto que afectaba solo a los varones y que era la madre la que lo heredaba. En nuestro caso, yo no era portadora, no había historia de ello en la familia y mi padre venía de una familia de seis mujeres. Así es que el campo médico dijo que era un gen que había mutado y que era algo que ocurría en 10 por ciento de los casos.

Caramba, ¿y ahora qué? Matt fue de mis hijos el que más pesó al nacer, pero también fue el más enfermizo. Entraba y salía de los hospitales por diferentes razones, pero era el más fácil de cuidar de todos. También estaba feliz todo el tiempo. Durante los siguientes seis meses, no sé exactamente qué sucedió. Descubrí automáticamente todo lo que se requiere de una mamá porque tenía otros hijos en casa y un esposo a quien cuidar. Lo denominé "piloto automático" porque hacía lo necesario pero no recordaba haberlo hecho.

Piloto automático es un término de la aviación que significa que las tareas rutinarias de mantener a una aeronave en la altura y velocidad correctas se logran automáticamente sin intervención humana. Lo bueno del piloto automático es que libera al piloto para procesar otras tareas porque la rutina ya está resuelta. El lado negativo es que es fácil evitar la lógica, porque el piloto automático no considera qué es lo correcto o incorrecto de cada tarea. El piloto ya no está en el proceso de toma de decisiones. Aunque puede ser valioso para procesar información, en algún momento, todos los pilotos tienen que desactivar el piloto automático o se estrellarán.

IDENTIDAD REDEFINIDA

Cada una de las cuatro etapas de Nancy Miller –*sobrevivir, buscar, acordar, y separar*– son circunstancias que definen las identidades condicionales o temporales. Dios llamó a Gedeón un guerrero valiente; Gedeón respondió que él era débil. Ambas definiciones de identidad eran válidas desde los respectivos puntos de vista pero, ¿adivine cuál se convirtió en el ancla para la transformación?

Si usted dice que fue la definición de Dios, estará en lo correcto, pero no deje por un lado la de Gedeón. Su definición de sí mismo, su sentido de identidad era acertado para ese momento. Si lee la narración bíblica, verá que Dios nunca reprendió a Gedeón por tener esa perspectiva condicional. En su lugar, esa identidad temporal se convirtió en el fundamento para aquello en lo que se convertiría Gedeón. Para crecer a ocupar el lugar permanente de uno de los grandes libertadores de la historia, él tuvo que "comenzar en el lagar", justo ahí donde vivía, con debilidades y todo.

Al principio Gedeón estaba abrumado, temeroso y no podía creer lo que escuchaba de parte de Dios. ¿Por qué se le estaba dando una comisión tan enorme e intimidante? Todo a lo que podía aferrarse era a Dios para estar con él. Él experimentaría lo que significa vivir en el empoderamiento de Dios, una identidad recién definida que iba más allá de la propia.

El barro puede ser moldeado o transformado a una nueva identidad con un propósito nuevo. Lea las palabras de la terapeuta Faith Raimer acerca del barro.

Vasijas de barro

Como simples mortales, somos semejantes a las vasijas de barro: frágiles pero duraderas. Estamos diseñados para retener el contenido que incluye una combinación especial de dones de parte del Alfarero que nos hizo y nos moldea. Estos dones, singulares y específicos para cada uno, tienen la intención de ser disfrutados y compartidos.

Para algunos de nosotros, estos dones son obvios y fáciles de dominar. Pero es muy frecuente que no los reconozcamos o imaginemos inmediatamente. El tiempo y el crecimiento son prerrequisitos durante la maduración para que un botón florezca plenamente. Igual sucede con los dones que recibimos del Alfarero.

Las vasijas que han sido dañadas tal vez no retengan el agua como solían hacerlo —si para eso es que fueron diseñadas—pero, como lo veo yo, esas fisuras permiten que la luz brille desde adentro. Aunque las cicatrices nos recuerdan lo que fue, las fisuras ayudan a iluminar la hermosura de lo que es.

Mi historia es parte de lo que soy, pero yo no soy mi historia.

LA IDENTIDAD REDEFINIDA A PESAR DE LAS CIRCUNSTANCIAS

En la búsqueda de paz en su identidad redefinida, las acciones que usted decide realizar –no solo a causa de sus circunstancias, sino a pesar de ellas– son significativas. A pesar de sus sentimientos de debilidad y de estar en el lagar, Gedeón se extendió y salió del lugar donde se ocultaba de los problemas; salió del lagar para pasar a la luz en donde podía hacer la diferencia. Sus acciones de fe ahora mismo, aunque usted no pueda comprender plenamente su identidad redefinida, se convertirán en la escalera que lo saque de donde está hacia la luz.

El mundo promete resultados fantásticos a partir del pensamiento positivo. ¿Serán exageraciones mentales o negación? ¿Será un don de parte de Dios? ¿Será que siempre debemos saber la diferencia? Es obvio que la negación prolongada no es una perspectiva saludable, pero al mismo tiempo, encontrar una perspectiva positiva en cualquier situación es un primer paso muy valioso. La doctora Caroline Leaf, en sus libros *¿Quién me desconectó el cerebro?* y *Enciende tu cerebro: la clave de máxima felicidad, pensamiento y salud* alaba las múltiples recompensas químicas, físicas, emocionales y espirituales obtenidas de la acción de llevar cautivos sus pensamientos a la fe, esperanza y amor. Al hacerlo, usted le da a su cerebro la oportunidad de encontrar un remanso de paz, con ello alterando la respuesta química de su cuerpo a la situación.

La sinceridad delante de Dios nunca falla. Cuando usted tiene comunión con Dios en privado, puede ser franco y directo acerca de sus debilidades, de sentirse carente de preparación, incluso de hacer un examen de la realidad para revelar su incompetencia. El amor de Dios permanece consistente a pesar de lo que usted diga. Cuando usted es directo con Dios, comienza a avanzar hacia Sus provisiones, lo que incluye la paz que prevalece. El valor también lo sorprenderá. En el proceso encontrará oportunidades que serán importantes declarar positivamente quién es Dios ("Dios es mi Padre celestial") y quién es usted ("Yo estoy convirtiéndome en un gran guerrero").

Efesios 2:10 dice, "pues somos hechura suya, creados en Cristo Jesús para buenas obras, las cuales Dios preparó de antemano para que anduviéramos en ellas" (RVR1995). Cuando la Biblia usa las palabras somos se refiere a usted. Al personalizar este versículo remplazando "somos" con "yo soy" usted permite que Dios trabaje Su maravillosa obra en su vida. Las realidades internas forman las realidades externas tarde o temprano. Así es que con todo derecho puede declarar la verdad de Sus palabras para su vida, que usted es hechura de Dios y puede hacer toda y cualquier cosa necesaria porque Él muestra su identidad y su propósito.

El escritor de Romanos en el capítulo 8, versículos 37 al 39 inspira confianza en la provisión de Dios en tiempos terribles. Él escribe, "Antes, en todas estas cosas somos más que vencedores por medio de aquel que nos amó. Por lo cual estoy seguro de que ni la muerte ni la vida, ni ángeles ni principados ni potestades, ni lo presente ni lo por venir, ni lo alto ni lo profundo, ni ninguna otra cosa creada nos podrá separar del amor de Dios, que es en Cristo Jesús, Señor nuestro".

La elección deliberada de renovar nuestra mente causa que la molesta queja negativa, "¡No puedo hacerlo!" cambie para ser una inclinación más positiva; es un ejercicio en la dirección correcta. Uno se pone de acuerdo con la visión de Dios al actuar a partir de esta revelación desde el corazón. Con ello no estamos escondiendo las emociones para poner una cara seudo-valiente, sino dando una respuesta genuina para incluir una verdad bíblica. Usted emerge siendo una persona que nunca imaginó que sería. Y cada pequeña acción que lleva a cabo, a pesar de sus circunstancias, revela la naturaleza de Dios para usted y a través de usted.

Su disposición a continuar pidiendo a Dios y de apoyarse en Su entendimiento como mayor que el suyo abre el camino delante de usted. Le capacita en el avance hacia la liberación de su identidad condicional y temporal para pasar a su identidad central dada por Dios y hacerlo estando rodeado de Su paz.

Cuando el apóstol Pablo se enfrentó a la ansiedad, él clamó al Señor por sabiduría. La respuesta del Señor quedó registrada en 2 Corintios 12:9. "Y me ha dicho: 'Bástate mi gracia, porque mi poder se perfecciona en la debilidad'. Por tanto, de buena gana me gloriaré más bien en mis debilidades, para que repose sobre mí el poder de Cristo." (RVR1995).

***

¿QUIÉN, YO?
¿QUIÉN, YO?
SÍ, TÚ.
¿POR QUÉ YO?,
DIJE.
¿PARA QUÉ?
ÉL LOS LLEVÓ.
¿CÓMO PUEDO...?
¡YO SOY!

***

En Salmos 18:32 el salmista declara,
"Dios es el que me reviste de poder y quien hace perfecto mi camino".

***

A menos que
Una rosa siempre será una rosa
a menos que usted conozca al Dios que la creó.
Un día será un día cualquiera
a menos que usted viva con el Dios que le habló a existencia.
Una vida será una vida cualquiera
a menos que permita que el Dador de vida la habite.

***

ORE

Padre celestial, en mi debilidad, dolor y sufrimiento, confío que Tú me equipas con Tu presencia que me empodera. Concédeme la fuerza que necesito. Por el poder del Espíritu Santo confío en que Tu gracia es suficiente para mis necesidades hoy. Creo que soy más que vencedor porque Tu poder reposa en mí.

REFLEXIONE

1. ¿Se siente positivo y lleno de energía o totalmente exprimido? ¿Se identifica con Gedeón? ¿Le está hablando Dios a través de la historia de Gedeón?

2. Como padre de un niño que se enfrenta a circunstancias especiales, usted ya se definió de cierta manera. Usted tiene la opción de tomar o rechazar más identidades que se originan en los comentarios o reacciones de los otros para definirlo o etiquetarlo. Tal vez haya experimentado expresiones de respeto, admiración, amabilidad y amor. ¿Puede recordar alguna? Son identidades afectuosas, positivas que solo alguien en su lugar tiene el privilegio de experimentar.

3. Y mientras usted sigue en el proceso de averiguar cuál es su nueva identidad, hay un remanso de paz a la espera. Relájese y respire profundo al leer las Escrituras a continuación. Sonríale a ese reflejo centellante que Dios tiene de usted.

> Soy la sal de la tierra (Mateo 5:13).
> Soy la luz del mundo (Mateo 5:14).
> Soy hijo de Dios (Juan 1:12).
> Soy templo de Dios (1 Corintios 3:16).
> El espíritu y la vida de Dios habitan en mí (1 Corintios 6:19).
> Soy una nueva creación (2 Corintios 5:17).
> Estoy reconciliado con Dios (2 Corintios 5:18–19).
> Soy obra de Dios (Efesios 2:10).

4. A lo mejor ya cuenta con una red de padres que comparten abiertamente sus historias reales, desafíos y victorias. Si no, tal vez quiera considerar iniciar o unirse a uno o hacerse parte de un grupo de padres que platican por internet. Elija lo que mejor se adapte a su estilo de vida. (Jony and Friends es un buen lugar para comenzar en línea, visite http://www.joniandfriends.org.)

Capítulo 3

Transformación: ¿Me estoy derritiendo?

De desconcertado, atrapado y presionado a transformado, redefinido y refinado

A medida que su identidad funcional está siendo redefinida, usted pasa de estar girando en el mismo lugar a recuperar su despegue hacia delante. ¿Ha escuchado a la gente decir, 'Si no estás avanzando, vas para atrás'? ¿Por qué será que a veces se siente como que uno va en una faja caminadora, como si fuera un hámster? ¿Por qué se siente como que uno está derritiéndose?

¿QUÉ ES LA TRANSFORMACIÓN?

La palabra transformación significa, transformar, convertir o cambiar. También puede significar transfigurar, reformar, reconstruir o pasar a través. Puede ser que solo con pensar en transformarse a un nuevo estado a partir del actual le provoque ganas de gritar muy fuerte, "¡Necesito esto y lo necesito ya!" Por otro lado, sus pensamientos podrían ser algo mas como, *"¿Está bromeando? ¿Más cambio? ¡Lo que en realidad necesito ahora es un descanso!"*

Una metáfora usada comúnmente para referirse a la transformación es el ciclo de vida de una mariposa. La etapa inicial se conoce como la etapa del capullo y que ha sido descrita como que la oruga está "derritiéndose". Podríamos describir el cuerpo de la oruga como que se estuviera derritiendo casi por completo antes de cambiar para convertirse en mariposa mientras que está dentro de la crisálida o capullo. Una etapa posterior, referida como la metamorfosis, es cuando los límites del capullo en donde está la oruga lo transforman en su destino como una mariposa. ¡Es hermoso ver una criatura parecida a un gusano cambiar para convertirse en una asombrosa belleza alada que puede volar!

Marjorie comparte sus etapas de transformación y cómo al inicio ella sentía que estaba atrapada en esa rueda de ejercicio que tienen los jerbos en su jaula: corre frenéticamente sin llegar a ningún lado. Ella no sabía cómo descender de esa rueda o salir de la jaula.

Susan dice que el tiempo en el que cambio su identidad fue más como las etapas iniciales del capullo, sentía que se derretía. Todo estaba cambiando. No tenía idea de lo que estaba sucediendo ni de lo que estaba por venir. Admitió que ella y su esposo no tenían idea de lo que sucedería si descansaban en el proceso de asumir su más reciente comisión como padres de un hijo con necesidades especiales –aun no definidas pero obvias a todas luces. ¿Qué significaría esta nueva creación, formada de la materia prima de cada una de sus vidas, cómo luciría? Ellos decidieron ver y esperar. Lo que Susan encontró, para su sorpresa, fue esperanza. Una esperanza que muy pronto le sería una revelación y una resurrección. "'Porque yo sé muy bien los planes que tengo para ustedes', afirma el Señor, 'planes de bienestar y no de calamidad, a fin de darles un futuro y una esperanza'". Aunque Marjorie y Susan no podían controlar lo que les estaba sucediendo o comprender su importancia, Dios sí sabía cómo. Él tenía un plan.

Gedeón, el guerrero valiente de Dios también estuvo en un capullo durante un tiempo. Él necesitaría la ayuda de Dios en cada etapa de su "conversión". Los cambios drásticos estaban sucediendo en él a medida que él se "derretía" para lo que habría de ser. Como Susan y Marjorie, él tampoco podía ver el avance para saber cómo luciría y cómo interactuaría con el mundo que le rodeaba durante su metamorfosis.

Al estar usted en su capullo y derretirse en el proceso de metamorfosis, trate de recordar que usted tiene tanto una identidad temporal como una central. Su comprensión personal de la identidad funcional con la que está batallando por vivir en este momento está en un estado de cambio constante.

Piense en algunos de los cargos de identidad funcional que podrían añadirse a su lista cada vez más larga. Tal vez no haya pensado en sí mismo de estas nuevas maneras antes de que iniciara su transformación. Entre las innumerables descripciones positivas y poéticas, considérese como alguien que se convierte en un cazador de tesoros, un defensor, embajador, atleta, piloto, inventor, geólogo, educador, enfermero, y especialista de la red informática para investigar acerca de las necesidades de la paternidad para un hijo con necesidades especiales. Estoy segura de que puede pensar en muchas descripciones más.

SOMBREROS Y MÁS SOMBREROS

Al asumir los diversos roles de su identidad funcional actual, tal vez piense en ellos como que se cambia de sombrero con cada uno. Una palabra de advertencia: ¡Atención! ¡En esa colección de sombreros podría estar oculta una identidad falsa que le mete zancadilla! El sombrero de identidad falsa existe por esa creencia irracional de que si usted sigue esforzándose así como es, casi alcanzará la perfección.

La perfección supone que tiene usted mismo, la fuerza para esforzarse hacia el comportamiento perfecto. Le dice que es con sus propios esfuerzos que puede hacer que todo esté bien y tomar el control de su ambiente cambiante en el proceso.

¿Le suena familiar esta trampa? Piense en los muchos héroes que han tenido que enfrentar y vencer obstáculos sobrecogedores, incluyendo a Helen Keller, quien quedó sorda y ciega antes de cumplir dos años, o al físico y cosmólogo actual Stephen Hawking, quien sufre de Esclerosis Lateral Amiotrófica. La historia se jacta de sus logros. ¿Piensa usted, a raíz de los logros de ellos, "Si ellos pudieron, yo seguramente (debería) poder hacerlo"? No es un pensamiento para nada razonable. La "talla de su sombrero" es distinta a la de ellos.

Si usted se sacrificó y presionó insistentemente una y otra vez es muy probable que se haya descubierto que quedó corto en sus intentos heroicos por convertirse en el papá perfecto. Casi todos nos damos cuenta en algún momento de que hay algo intrínsecamente inestable en nuestra identidad cuando hay una noción falsa de que es posible la perfección simplemente por medio de la fuerza personal. A veces los padres esperan de ellos mismos lo que ni Dios mismo esperaría de ellos.

Cuando tenga la tentación de ponerse todos los "sombreros" existentes, que representan sus diversos roles, y esperar cumplirlos a la perfección, considere esta frase internamente: "Ya uso suficientes sombreros, gracias. No prestaré atención". (Traducción: "No acepto la idea de que tengo que ser perfecto en cada etapa transicional como si esa fuera la única alternativa para poder describir el éxito o el fracaso como padre".

Sí, puede hacer más de lo que originalmente pensó, pero esperar la perfección podría embestir a la gratitud que siente por lo que ya cambió para ser mejor. Sí, Dios está con usted. Solo Él puede llenar de poder esa diferencia que usted anhela experimentar. Sí, usted está convirtiéndose en un papá de calidad, informado, lleno del Espíritu, capaz. Esa metamorfosis incluye el poder decir, "No (o "ahora no")". Y sí, el "dar un paso atrás" eventualmente no cambia las verdades positivas que describen quién usted es, lo que ha logrado y lo que está por lograr.

Probablemente ya tuvo que dar de sí y tiene unas grandes "estrías" por el estiramiento requerido para demostrarlo. También son señales del alumbramiento, una señal de que su vida está tomando una nueva forma. Su identidad central y funcional están en recuperación. Usted está derritiéndose en el capullo de Dios. Está siendo redefinido, remodelado y empoderado. Al suceder la transformación tendrá que apoyarse en su Padre celestial, Su Hijo Jesús, y en la guía del Espíritu Santo. Usted se extiende y Dios responde. Usted participa de la gracia y paz dadoras de vida que Dios da.

En 2 Corintios 12:9 dice, "pero Él me dijo: 'Te basta con mi gracia, pues mi poder se perfecciona en la debilidad'. Por lo tanto, gustosamente haré más bien alarde de mis debilidades, para que permanezca sobre mí el poder de Cristo".

REDEFINIDO Y REFINADO

Dios está revelando su identidad y propósito poderosos. Mientras tanto, su identidad central está anclada en Su familia, como Su hijo. Mientras lo redefinen, continuamente lo refinan, energizan, hacen vibrante y sí, también le dan vigor. Sus valores evolucionan. Adquiere una comprensión más profunda de cómo Él evalúa una vida. Con el poder transformador de Dios, usted puede cumplir sus responsabilidades paternas con un sentido renovado de honra. En

Salmos 71:21 dice, "Acrecentarás mi honor y volverás a consolarme" (Salmos 84:11; 112:9).

***

Dedos de la verdad

Dedos de la verdad prestos sobre el violín
manifiestan su sonido
cuando el arco del entendimiento
se cruza por su camino.

Un mejor final

Entendimiento, un cariñoso y bienvenido amigo,
tiende a la amistad del conocimiento y la sabiduría
un mejor final.

***

ANCLA DE LA IDENTIDAD

La frase que Joan usaba para sujetarse era, "Contrólate, amiga y no te vayas a la deriva". Carl se decía a sí mismo, "¡Sé valiente!" Tom se desafiaba a sí mismo diciendo, "Deja eso", o "Camina como hombre". Sin importar cuál frase sea la que usted usa para sujetar su identidad y mantenerla firme, la mayoría se quedan cortas cuando la presión de la responsabilidad incrementa de manera drástica. Es probable que las demandas absorbentes por su tiempo y energía lo hagan sentir como que arrastra un ancla atrás en esa fuerte corriente que lo controla.

La única verdad que ancla y que es suficientemente fuerte para mantenerlo en su lugar es esa que está anclada en el momento en el que nos damos cuenta de la profundidad del amor de Dios. Cuando usted le entregó su vida a Dios, abrió su corazón a Su hijo Jesús como su Señor y Salvador personal, amigo y hermano. Al dar la bienvenida al Espíritu Santo, usted se hizo parte de otra familia: la familia personal de Dios. ¡Él es su Padre celestial! Usted es Su hijo, perfecto a Sus ojos. Aquí, entonces, está una mejor ancla: cite y cite nuevamente un versículo de la Escritura como Filipenses 4:12-13 (RVR1995), "Sé vivir humildemente y sé tener abundancia; en todo y por todo estoy enseñado, así para estar saciado como para tener hambre, así para tener abundancia como para padecer necesidad. Todo lo puedo en Cristo que me fortalece".

La continua declaración de Jason es, "Su bondad es eterna". Es un recordatorio que deja todo lo negativo a lo que se enfrenta diariamente con los desafíos que él y su esposa tienen como padres. Ambos están de acuerdo en que "la vida en Dios" se trata de familiarizarse progresivamente con lo que significa conocer a Dios y amarnos unos a otros como Sus hijos.

Le está ocurriendo una transformación de identidad que le alterará la vida. Es un nuevo estado como familia, una nueva autoridad familiar, nuevos integrantes de la familia, y la nueva dinámica familiar también es toda suya. Usted ahora tiene acceso, a través de Jesús, al Creador del Universo como su Padre Dios personal (Efesios 2:18). Usted está en entrenamiento. Está siendo transformado a la semejanza a Cristo. El Espíritu Santo es su consuelo y su guía para recibir ayuda en cada situación que enfrenta.

La transformación de su identidad es un gran cambio de paradigma. Altera su perspectiva de esperanza para esta vida y para la eternidad que les espera, tanto a usted como a su familia. Como ninguna otra cosa, las palabras de verdad de parte de Dios pueden convertirse en esa ancla muy pesada para su identidad. No hay otro como Él.

INVITACIÓN EXTRAVAGANTE

Se le extiende una invitación extravagante. Piense en la manera en que Julie respondió a la invitación en su historia.

La invitación extravagante

"Está usted invitado a una aventura divina, real."

Cuando Julie escuchó esa increíble oración en una reunión del grupo de padres, respondió, "¿Cómo así? ¿De qué manera se constituye esto que estoy atravesando en una invitación por y hacia la divinidad? Parece tan fuera de base desde donde estoy y lo que necesito en este momento". Y luego, ella escuchó, "Al principio, fue como una pequeña cosquilla adentro; difícil de describir. Comenzó pequeña. Mi cabeza no lograba entender y mis pensamientos se sentían como que era una pérdida de tiempo sentarme ahí, pero no podía negar ese sentimiento creciente y tan lindo que tenía mientras escuchaba hablar al líder del grupo".

El líder luego le dijo a ella, "La aventura real es tan extravagante y es un regalo para el alma".

"¿Qué tiene de extravagante y cómo puede ser eso cierto?"

"Pues, es que no es una invitación para ir tras la excelencia humana."

Julie contra argumentó, "Pues eso espero. ¿Quién no la entregaría si ese fuera el requisito?"

"No eres tú, sino Su Espíritu Santo, Su gracia, Su gloria, Su presencia personal como Su hijo y heredero de la vida eterna. Julie, tienes un potencial indescriptible. Tú estás invitada a involucrarte, a aceptar y a experimentar el misterio de Sus caminos expresados en tu identidad central. Esta identidad cambia la manera en que valoras tus actividades requeridas y la vida en general. Te empapa de la verdad que prevalece sobre el trajín diario que te está retando a creer que eres mucho menos que."

"¿Menos que qué?", preguntó ella.

"Menos que cualquier cosa que sientas que debes ser en este momento."

El pensamiento de tener una identidad que era definida desde dentro de la naturaleza divina de Dios era algo sumamente distante a los pensamientos que Julie tenía en ese tiempo. "Yo estaba más interesada en controlar mis emociones y en las sugerencias que me ayudaran a encontrar tiempo y espacio para aliviar la carga pesada", recuerda ella.

"Es más que un punto de entrada de un pasado que ha sido limpiado, o que ha sido reforzado para el ahora. Llega hasta los ámbitos del Reino de Dios para recibir de ahí la provisión y Su presencia personal."

"¿A dónde va todo esto?", preguntó Julie.

"Te lleva a los tesoros valiosos de las misericordias extravagantes de Dios, al festín de la plenitud de Su gracia que nos capacita. Es la habilidad de Dios en tu vida. Su rol como padre de un hijo con necesidades especiales es una aventura. Su identidad como hijo de Dios, un hijo del Rey Jesús, y un lugar de reposo para el Espíritu Santo en su espíritu, es una aventura ilimitada. Lleva en sí misma el potencial de un viaje real en cada proyecto. Es ahora y el futuro."

Julie salió de la reunión sintiéndose entusiasmada. Ella tenía ese sentimiento de querer extender sus brazos y empezar a correr; sin embargo, ella seguía meditando en lo que todo ello significaba.

Más adelante lo supo. "Hizo la diferencia. Mi perspectiva comenzó a cambiar. Aprendí que no importaba cuál estrategia aplicara para mantener una identidad saludable firme, la mayoría de ellas se quedaban cortas a medida que las demandas repetitivas y agotadoras por tiempo y energía comenzaban a crear una corriente fuerte que arrastraba mi ancla hacia ellos. Solo había una verdad que me mantenía estable. Era que yo estaba aprendiendo cuál era mi identidad y propósito central en Cristo Jesús, mi Salvador, mi hermano y que Él se había convertido en mi amigo. Esto y solo esto era mi ancla."

Con el tiempo, el sentido de bienestar de Julie se hizo más fuerte en esta nueva identidad como hija del Rey, su Señor y Salvador personal. Ella no lograba entender todas esas palabras que sonaban tan hermosas que le fueron compartidas aquel día, pero sabía que había sido una reunión significativa.

Haría una enorme diferencia. Al transcurrir los años, ella se percató de que ese fue el nacimiento, el lugar en donde su identidad central quedó anclada y en donde sus valores centrales comenzaron a formarse de nuevo.

El Espíritu Santo está con usted hoy para inspirar su forma de pensar, para reinventar su sentido de capacidad y para guardarlo en el capullo y derretirlo para que se forme la vida nueva. Usted se ha convertido y sigue convirtiéndose en una nueva creación. Jesús lo dijo mejor cuando dijo, "Por lo tanto, si alguno está en Cristo, es una nueva creación. ¡Lo viejo ha pasado, ha llegado ya lo nuevo!" (2 Corintios 5:17).

No es una pequeña mejora; es una metamorfosis. No es trabajar más fuerte o conseguir un poco más de habilidades de las que solía tener. Es una redefinición completa de lo que usted es en Cristo. Es real y está en crecimiento.

La Escritura declara, "Jesucristo es el mismo ayer y hoy y por los siglos" (Hebreos 13:8). Usted está cambiando, transformándose, transfigurándose para tener Su carácter. Cuando usted rindió su corazón al eterno e inmutable Señor Jesús e invitó a todo lo que Él es a entrar en su vida, usted recibió Su presencia que lo habita.

Usted está en un viaje saludable y dador de vida. Se da cuenta que es bueno medirse porque no es una carrera corta de gran velocidad, es una carrera de distancia larga. El Espíritu Santo está disponible para usted en todo el camino. La verdad es que Él está justo ahí con usted, no solo cuando usted piensa que lo necesita, sino todo el tiempo. Su suave murmullo en medio del ruido de los truenos y los vientos lo guiará.

¿Y QUIÉN ES PERFECTO ALLÁ AFUERA?

Su expectativa anterior de tener que ser un padre perfecto *todo el tiempo en cada rol* está perdiendo su poder. Después de todo, solo puede haber un Padre perfecto y un hijo perfecto: el Padre celestial y Su Hijo Jesucristo. La humanidad está formada a Su semejanza e imagen, pero sin la capacidad de alcanzar la perfección, según la definición que usted probablemente le da a la palabra perfección.

Cuando la Biblia dice en Mateo 5:48, "Por tanto, sean perfectos, así como su Padre celestial es perfecto", se refiere a estar completos.

Colosenses 2:2-3 cuenta cuál era la idea de estar completos que expresó Pablo. "Quiero que lo sepan para que cobren ánimo, permanezcan unidos por amor, y tengan toda la riqueza que proviene de la convicción y del entendimiento. Así conocerán el misterio de Dios, es decir, a Cristo, en quien están escondidos todos los tesoros de la sabiduría y del conocimiento". Y como lo explica la última parte de 1 Juan 4:12 cuando dice que por el amor de Dios en Cristo "entre nosotros su amor se ha manifestado plenamente".

Si usted redefine la palabra *perfecto* como madurar hacia el estado de la perfección, podrá identificarse con ello como una descripción de usted mismo en este momento. ¿Usted, perfecto? Sonría y suelte una risotada por dentro. No, no necesita hacerlo todo perfecto y todavía no ha llegado a la perfección que experimentará solo en el ámbito espiritual un día. Por hoy, por el momento, sin embargo, la perfección se está formando en usted.

Piense en un árbol de manzanas o en una planta de tomate. Cuando ve esas pequeñas bolitas de fruto que no están plenamente maduras, se emociona. Son perfectas aunque no han llegado a ser lo que más adelante serán. Ahora están verdes, sí, pero pronto se mostrará una fruta o verdura roja y deliciosa. Ésas, pequeñas y verdes, están madurando. Son perfectas tal y como son en este momento.

La raza humana tiene un cronómetro de la eternidad. Usted no nació solo para el hoy ni solo para esta vida en la tierra. Usted nació para vivir para siempre. Usted tiene una existencia eterna como Su hijo. Su Padre Dios le ha prometido una familia perfecta y un hogar perfecto en un ambiente perfecto: un día usted y sus hijos vivirán con su Padre celestial en ese lugar perfecto. Estarán juntos en Su gran familia, una familia gloriosamente feliz. Nada que usted haga antes o después de ese momento será desperdiciado, porque todos en Su familia seguirán cumpliendo sus destinos personales durante toda la eternidad. Mientras tanto, hay preciosos descubrimientos de experiencias de vida hermosas que están haciendo madurar su fruto como un padre o cuidador capaz y amoroso.

CONEXIÓN Y ARMONÍA

Todos necesitamos sentirnos conectados: conectados a la fe, conectados a la esperanza y conectados al amor. Cuando usted percibe armonías conectadas en su vida es natural tener una sensación de seguridad pero no de completa conexión. La conexión eterna, sin embargo, es con Dios y Su Hijo y Salvador nuestro, Jesucristo. Es la conexión más importante que debemos entablar, el más estupendo y completo sentimiento de conexión.

Para los cristianos que eligen la conexión eterna es muy importante recordar que su ciudadanía está en el cielo. La Escritura declara que usted ya no es extranjero ni advenedizo a las promesas de Dios, sino que en Cristo usted es un ciudadano que tiene el cielo reservado (Efesios 2:19; 1 Pedro 1:4-5). Con razón nada acá puede satisfacernos plenamente. Nada acá podrá jamás empalmar perfectamente ni estar exactamente balanceado. Nada acá puede suplir completamente ese anhelo interno por la belleza, contentamiento, paz, armonía y balance, excepto, la relación personal con el Señor Jesucristo. Solo Él puede dar ese sentido de "Ajá" reposado, satisfecho en el alma que todos están tan desesperados por experimentar.

Como respuesta a su elección, el regalo del Espíritu Santo dentro de usted le da el potencial para sentir paz sobrenatural y Su relación milagrosa y armoniosa con el Dios eterno. Isaías 32:17-18 dice, "El producto de la justicia será la paz; tranquilidad y seguridad perpetuas serán su fruto. Mi pueblo habitará en un lugar de paz, en moradas seguras, en serenos lugares de reposo".

El Espíritu Santo derrama el amor de Dios en su corazón, dándole la habilidad de enfrentar cada día con una conciencia estabilizada por el bienestar y la satisfacción. Al crecer en su caminar con Dios, encontrará que Él lo está capacitando en una armonía continua. Él está enseñándole cómo mantener su delicado balance en momentos peligrosos.

Lea las palabras de la terapeuta Faith Raimer acerca de la armonía.

Armonía

La mayoría de nosotros disfrutamos la paz que obtenemos de la armonía. Y algunos tenemos que luchar más que otros para poder mantenerla. De hecho, con frecuencia hacemos grandes sacrificios para evitar el conflicto o la discordia. Es una opción que puede o no ser la mejor solución.

Para un individuo, la armonía es igual a un balance interno calmado y a tranquilidad. Una forma de alcanzar la armonía es elegir ser amorosamente auténtico con los que nos ofenden mientras que intencionalmente buscamos una manera de resolver el asunto. Tal vez no siempre pueda darse, pero siempre vale la pena el intento. Se espera de nosotros que hagamos todo lo que podemos y que simultáneamente permitamos a Dios hacer Su parte. Una vez escuché que alguien dijo, "El esfuerzo me pertenece a mí y los resultados a Dios".

La armonía también se alcanza cuando se combinan o disponen esas cosas que no son iguales. Por ejemplo: Queremos vivir en armonía con nuestros vecinos; queremos que todos los integrantes de la familia se pongan de acuerdo con la elección de restaurante; el estilo de mobiliario y selección de color de la pared puede ayudar a dar el tono y el fluir de nuestros hogares. Musicalmente hablando, la armonía resulta al tocar diferentes notas y/o instrumentos juntos para crear un sonido agradable. Es un deleite ver a una orquesta dar vida al sonido justo delante de nuestros ojos, particularmente, aunque no solo, a aquellas piezas que nos son familiares.

El rey Salomón dijo, "No hay nada nuevo debajo del sol" (Eclesiastés 1:9). Con todo el respeto que su sabiduría me merece, él probablemente nunca había escuchado al jazzista que es casi ciego llamado Art Tatum al piano; al compositor y líder del grupo y virtuoso Charles Mingus en el bajo; a Miles Davis o a Dizzy Gillespie en la trompeta; o el estilo vocal personal y singular de Billie Holiday. Por supuesto que el punto de Salomón era que muchas cosas parecen ser nuevas porque el pasado se olvida tan fácil y rápidamente. Como alguien que amaba la belleza y el arte, él sin duda estaba cautivado por la asombrosa armonía de los músicos de jazz que juntos y por turnos crean sus propios sonidos.

Sí, la música y el canto siguen siendo escritos, grabados y reproducidos para nuestro deleite auditivo. Además, hemos sido invitados por el Maestro mismo ("Puso en mis labios un cántico nuevo, un himno de alabanza" Salmos 40:3) para vivir en armonía a medida que "cantamos al Señor un cántico nuevo, porque ha hecho maravillas" (Salmos 98:1).

¿Puede usted imaginar cómo es todo en el cielo? Imagine las voces de "millares de millares" de ángeles circulando el trono y cantando juntos en alabanza al Cordero de Dios (Apocalipsis 5:11, 12). Podemos estar seguros de que esto es apenas una vislumbre de la armonía que será para nuestro disfrute por toda la eternidad. Llegará el día en que seremos invitados a unirnos con ese coro poderoso y melodioso, pero por el momento, continuemos llevando armonía celestial a nuestro mundo al recibir inspiración y según podamos. Qué tengamos oídos para oír el regalo de Dios de la música y que estemos dispuestos a cantar juntos en armonía celestial en este momento.

Con la elección de estar conectado eternamente y de tener acceso a Su armonía viene de la expectativa de mejores días en el futuro, o al menos de tiempos mejor manejados. A futuro, al irse revelando, se necesitará de otra opción, una opción de creer en Dios y confiar en Él sin importar lo que sienten y ven en lo natural. Hebreos 11:1 dice, "Ahora bien, la fe es la garantía de lo que se espera, la certeza de lo que no se ve".

Suena increíble cuando leemos la exclamación del apóstol Pablo en 2 Corintios 12:10, "Por eso me regocijo en debilidades, insultos, privaciones, persecuciones y dificultades que sufro por Cristo; porque cuando soy débil, entonces soy fuerte". Como él, su opción es la opción de fe. Romanos 5:1-5 puede leerse de esta manera (parafraseado y con aplicación personal añadida), "En consecuencia, ya que hemos sido justificados mediante la fe, tenemos paz con Dios por medio de nuestro Señor Jesucristo. También por medio de El, y mediante la fe, tenemos acceso a esta gracia en la cual nos mantenemos firmes. Así que nos regocijamos en la esperanza de alcanzar la gloria de Dios. Y no sólo en esto, sino también en nuestros sufrimientos, porque sabemos que el sufrimiento produce perseverancia; la perseverancia, entereza de carácter; la entereza de carácter, esperanza. Y esta esperanza no nos defrauda, porque Dios ha derramado su amor en nuestro corazón por medio del Espíritu Santo que nos ha dado".

Serán muchas las veces en que no vea o sienta el contentamiento, pero al mismo tiempo estará pidiéndolo; es sabiduría decirse a lo interno, "Elijo el contentamiento, la armonía y la paz". Es la opción de la fe delante de las circunstancias contrarias y trae consigo una gran ganancia de Dios. Pablo declara en 1 Timoteo 6:6, "Es cierto que con la verdadera religión y el contentamiento se obtienen grandes ganancias".

Al decidir creer en Dios y confiar en Él a pesar de sus sentimientos o evidencia externa, será parecido a practicar tocar un instrumento musical. La coordinación y sonidos armoniosos de aprender a tocar un instrumento no son fáciles al inicio, pero sí vienen con el tiempo. Usted está creciendo. Está cambiando, transformándose y siendo transfigurado. Su capacidad se está expandiendo a la plenitud de su propósito e identidad inspirada divinamente.

***

Siempre y todavía

Crecido, sigo creciendo...
Conociendo, yo sigo conociendo...
Lleno, pero siempre siendo llenado...
A la plenitud de la medida
y a la estatura de Cristo...
me estoy transformando.

***

ORE

Dios Padre, sácame hoy de ese sentido de obligación determinada. Concédeme el entendimiento y la revelación para ver más de lo que significa ser Tu hijo amado. Gracias por la invitación de entrar a una identidad que valora lo que Tú valoras y suelta lo que no es necesario. Cuando sienta que no voy a ningún lado, ayúdame a estar consciente de tu trabajo en mi capullo. Confío que estás transformándome. Está sucediendo más de lo que puedo ver o sentir. Estoy en el proceso. La gracia y la paz están obrando una hermosa transformación en mi vida. Agradecido te alabo por tu invitación real a una aventura real.

REFLEXIONE

Hay un trabajo continuo de formación de parte del Espíritu Santo en usted para el fin no solo de llevarlo al cielo un día, sino también de transformarlo diariamente a la semejanza de Su Hijo y su Señor personal, Jesús.

1. Identifique un área en la que esté consciente que el Espíritu Santo lo está madurando. Al considerar su avance, ¿qué reacciones positivas puede usted ver en contraste con lo que solía experimentar?

2. Elija un aspecto de la paternidad que sigue siendo un desafío considerable. Tome un minuto para contarle a su Padre celestial que confía en el trabajo que el Espíritu está haciendo en usted y entréguele esa área. Tal vez hasta tenga que escribirlo en un pedazo de papel, levántelo hacia Él y luego tírelo a la basura como símbolo de que confía en que Su amor continuará guiándolo a acciones más sabias y más dirigidas por el Espíritu.

3. Toda la alabanza es, como dice Judas, "¡Al único Dios, nuestro Salvador, que puede guardarlos para que no caigan, y establecerlos sin tacha y con gran alegría ante su gloriosa presencia!" (Judas v. 24) ¿Qué viene a su mente cuando lee esas palabras?

Capítulo 4

Las zonas: ¿Y ahora, qué?

Agotado, amedrentado, perdido a buscando ser más saludable, estar más esperanzado, provisto y capacitado

Usted está obteniendo una perspectiva saludable. Está pasando por emociones que giran sin control, desesperanza e inquietud a zonas más positivas, en donde puede encontrar gloriosos remansos de paciencia, una paz que trae gracia y una actitud con esperanza. La confianza se asoma en el horizonte.

Todos los padres necesitan ayuda de vez en cuando para encontrar maneras de proporcionar ese hogar pacífico y lleno de esperanza que las familias anhelan llamar suyo. Los niños son especialmente sensibles a la atmósfera en su entorno hogareño. La provisión celestial y sobrenatural del Padre puede ayudar a mantener una atmósfera saludable en el hogar en donde se sientan predominantemente la seguridad y la paz.

PROVISIÓN
La historia de Carmella resalta la verdad de la provisión del Padre Celestial.

Mansedumbre, ¡sálvame!

Después de un rato, me acomodé en un patrón más predecible de vida familiar. Y repentinamente, ¡bum! Las limitaciones financieras exigieron que buscara un empleo que ayudara a cubrir las necesidades. Nuestros hijos estaban en la primaria y mi esposo se levantaba y salía temprano de casa, así que era mi tarea alistar a los chicos, empacar la comida, alistarme para salir por la puerta y llegar al trabajo a tiempo. Habitualmente, mi hija de segundo grado primaria con trastorno de déficit de atención con hiperactividad (TDAH) perdía sus zapatos, perdía sus libros, o me presentaba algún detalle irritante. El peso de todo ello comenzó a molestarme incesantemente.

Una mañana, al bajar las gradas rápidamente para subir a los chicos al carro, ahí estaba ella de pie, una vez más sin estar lista. ¡Otra vez llegaría tarde! Podía sentir que la frustración me subía como fiebre. Otra vez me regañaría mi jefe. ¿Por qué yo? ¿Por qué no podía esta niña simplemente hacer lo que se le pedía que hiciera?

Esta reacción emocional pasó de irritabilidad a amargura a resentimiento. Yo estaba en gran necesidad de un ajuste de actitud. Otro respiro profundo. La búsqueda de respuestas era desesperada. Esta vez eran para mí. Pensé que había logrado controlar estas turbulencias emocionales, y ahora, tenía esta reacción tan clara.

El ojo de la tormenta es el lugar en donde los feroces vientos se detienen y todo está en calma. Cielos límpidos, un lugar lleno de paz, al menos durante un momento. Pero, ¿quién quiere vivir en el impredecible y siempre cambiante ojo del huracán? Yo ansiaba más que solo un tono de voz más suave y un poquito más de paciencia. ¿Cuándo prevalecería la paz?

Mansedumbre. Eso es. Eso es lo que quiero. Tengo que encontrar cómo hacer que la paz se muestre como mansedumbre.

Comencé a investigar en la Escritura cuál es el valor y poder de la mansedumbre. Yo amo a mis hijos y quería que ellos lo supieran. ¿Era acaso posible proyectar esta virtud piadosa para calmar la atmósfera en nuestro hogar? Yo no quería seguir siendo la mamá irascible y enojada en la que últimamente me había convertido. En mi búsqueda encontré estos versículos:

Filipenses 4:5, "Que su amabilidad sea evidente a todos. El Señor está cerca".

1 Timoteo 6:11, "Pero tú, hombre de Dios, huye de estas cosas y sigue la justicia, la piedad, la fe, el amor, la paciencia, la mansedumbre" (RVR1995).

Al inicio, me preguntaba si leer y orar, reclamando estas palabras como mi herencia personal en Cristo Jesús, mi Señor, estaban haciendo la diferencia. Palabras clave: Al inicio. Luego, llegó el día del milagro. Ahí estaba ella otra vez, desarreglada. No tenía su comida, ni zapatos, y sostenía una calceta en la mano. ¡Y ya no tenía tiempo! Al comenzar a bajar por la escalera, mis emociones hirviendo y ya lista para estallar, lo que salió de mi boca me impactó. En lugar de gritarle, me escuché decir a todo volumen, "Mansedumbre, ¡sálvame! Pausa, susto, silencio, momento dentro del ojo del huracán—¡Santo cielo! ¡Lo logré!

Mi gentil y amoroso Padre celestial, por medio de la provisión sobrenatural del Espíritu Santo, me dio los recursos necesarios para ese momento crucial con una dosis generosa de Su gracia. Ahí estaba yo, a mitad de las escaleras, asombrada durante unos segundos por lo que me había escuchado gritar. En lugar de enojo, fue una declaración de fe y un clamor desesperado a la vez. "Mansedumbre, ¡sálvame!"

Lentamente surgió una pequeñísima sonrisa en mi rostro. Su provisión gloriosa acababa de rescatar mi alma y la mañana de mi hija. Lo que comenzó como un breve respiro en el ojo de mi tormenta era solo el inicio de una transformación en mí. Dios me mostraba la calma y confianza al comenzar a apoyarme en Él más cada día. Yo estaba aprendiendo y estaba feliz de descubrir que el Espíritu Santo me ayudaba a ser la mamá que anhelaba ser. Yo me instalaba y me convertía en alguien nuevo al mismo tiempo. ¡Estaba creciendo en Su gracia!

"No es que ya lo haya conseguido todo, o que ya sea perfecto. Sin embargo, sigo adelante esperando alcanzar aquello para lo cual Cristo Jesús me alcanzó a mí. Hermanos, no pienso que yo mismo lo haya logrado ya. Más bien, una cosa hago: olvidando lo que queda atrás y esforzándome por alcanzar lo que está delante, sigo avanzando hacia la meta para ganar el premio que Dios ofrece mediante su llamamiento celestial en Cristo Jesús." (Filipenses 3:12-14).

¿QUÉ SIGUE?

Después de esa pausa en el ojo de la tormenta llegó la segunda fuerza. Con frecuencia resulta ser peor que la primera parte de la tormenta. Aunque después de haber experimentado la provisión de paz de parte de Dios, uno se siente armado por Su gracia y listo para enfrentar lo que sea que venga (Juan 16:33).

¿Se ha dado cuenta de la poca, si es que alguna, sabiduría que viene de inquirir "por qué yo"? Esa pregunta, si es que insiste en llamarla pregunta cuando en realidad es una queja debilitante, rara vez es respondida. Aun cuando la respuesta es obvia, en la paternidad casi nunca sirve meditar en ella. Las buenas noticias son que el "por qué yo" comienza a mezclarse con "lo que ahora es más práctico y saludable". Se convierte en un trampolín para la creación de una zona de paz interior.

BÚSQUEDA

La etapa de *búsqueda* para los padres de hijos con necesidades especiales se traslapa con la etapa inicial de *supervivencia*. Continúa siendo un componente de las etapas que siguen, como ya verá en los capítulos más adelante. La búsqueda es el primer paso para recuperar algún tipo de control. Comienza con preguntas que son dirigidas tanto hacia adentro como hacia afuera.

La *búsqueda interna* pregunta, "¿Por qué? ¿Quién tuvo la culpa?" Busca culpar a alguien. Estas preguntas pueden ser duras y sentenciosas. En un intento por darle sentido a sus circunstancias, tal vez culpe a la genética o a lo que hizo o dejó de hacer. Es común culparse uno mismo.

La *búsqueda externa* por lo general es más productiva, más positiva. Pregunta, "¿Qué está mal?" y "¿Cómo se puede corregir?" Busca un diagnóstico y el tratamiento. Los papás que alguna vez se describieron como llevaderos o pasivos pueden desarrollar un asertividad inesperado durante su búsqueda por respuestas.

La historia de Elaine tipifica la etapa de búsqueda, en donde la búsqueda produce algunas respuestas y algunas sorpresas.

A la búsqueda de respuestas

Es muy difícil averiguar información de una enfermedad cuando los doctores mismos andan a tientas con ello. En aquel tiempo, cuando los doctores diagnosticaron a mi hijo Matt, el campo de la medicina realmente no sabía qué ocasionaba la DMD, que es solo una forma de distrofia muscular. Desde entonces ya han descubierto unos cuarenta tipos, todas enfermedades neuromusculares que afectan a los individuos de maneras diferentes.

Allá, a inicios de 1980 cuando yo estaba indagando, ni siquiera había computadoras como las que tenemos hoy. Nos apoyábamos casi exclusivamente en la profesión médica para recibir toda la información de la enfermedad. Así es que tomábamos lo que teníamos, cualquier información que consiguiéramos, y con eso trabajábamos.

Mi familia y amigos fueron fantásticos durante este tiempo de transición. Me ayudaron a organizar actividades grandes para recaudar fondos para la Asociación de Distrofia Muscular en nuestra área y así recaudar dinero e informar a la población, unas de ellas fueron Roll and Stroll, Bike for Life y un evento de boliche. Yo llevaba a Matt conmigo a las preescolares para que los niños platicaran con él acerca de no poder caminar. Matt caminó hasta que cumplió 7 u 8 años de edad y luego pasó a la silla de ruedas. Así es que tuve muchas oportunidades para compartir mi historia, al igual que Matt. Una amiga que conocí en este trayecto tenía dos hijos con DMD y era madre soltera, que lo hacía todo y que contaba con la ayuda de sus padres.

A todos lados a donde iba, le sacaba información a quien fuera que me prestara atención, incluyendo a todos los doctores en las clínicas. En el camino encontré poca ayuda pero mucho ánimo.

En su tiempo de búsqueda, Gedeón, el guerrero valiente y héroe bíblico continuamente cuestionó a Dios y pidió confirmación. Jueces 6:17 registra sus palabras: "Si me he ganado tu favor, dame una señal de que en realidad eres tú quien habla conmigo, respondió Gedeón". Y ¡vea esto! Él insiste y le pide a Dios que espere mientras él va por la ofrenda para ofrecérsela. ¡Y Dios espera! El versículo 18b registra la respuesta de Dios: "Esperaré hasta que vuelvas, le dijo el Señor". En el versículo 23, Dios tranquiliza a Gedeón otra vez, "¡Quédate tranquilo! No temas. No vas a morir".

¿Ha experimentado este tipo de emoción de nudillos blancos, corazón acelerado y emoción al borde mientras sondea buscando respuestas y se abre camino entre infinidad de información de investigación? La clave es seguir insistiendo hasta que se tenga la revelación personal del Dios de paz. Siga haciendo lo que sabe hacer hasta que sienta el corazón de Dios en su corazón, Su confianza en su alma y Su asignación impulsándolo al frente. Ahí, en el lugar de revelación, florecerá la creatividad.

BUZOS EN LA ZONA DE PAZ

La paz tiene efectos físicos y emocionales, al igual que la falta de paz. Cuando usted entra a un lugar pacífico, es casi tangible. Es como pararse en un tapete mullido de 'Bienvenidos'. Cuando no hay paz, ¡se siente como que le hubieran arrancado el tapete de debajo de los pies! Todos esos atributos piadosos y amorosos que desea generar, como la mansedumbre, bondad, amabilidad, dominio propio y perseverancia, se sienten fuera de alcance, como tesoros hundidos en el mar. Y, ¿dónde es que almacena todo el equipo de buceo?

¡La paz también es poderosa! La Biblia dice que el Dios de paz aplastará a Satanás bajo los pies de los creyentes (Romanos 16:20). La Biblia desafía a los creyentes a buscar y encontrar la paz, una provisión necesaria, especialmente durante esa búsqueda interna.

"Que gobierne en sus corazones la paz de Cristo, a la cual fueron llamados en un solo cuerpo. Y sean agradecidos" (Colosenses 3:15).

La paz es mucho más que solo una respuesta calmada y emocional a su último inconveniente. Es una habilidad interna de la gracia (Gálatas 5) y más. La gracia es descrita frecuentemente como misericordia no merecida. Pero más que recibir algo que no puede ganarse, la gracia es la presencia empoderadora de Dios, que permite que usted se convierta en lo que Él ha diseñado singularmente para usted y que lo empodera para lograr su propósito dado por Dios. Al vivir a partir de la respuesta interna de Su presencia personal, usted descubre que es cada vez más y más fácil acceder a las características de Su gracia. Usted, en realidad, puede comenzar a prosperar en gracia. En 1 Pedro 1:2b leemos, "Que abunden en ustedes la gracia y la paz".

La historia de Elaine y de su hijo Matt, quien sufría de Distrofia Muscular de Duchenne, cuenta de alguien que estaba buscando respuesta para encontrar paz.

"Era obvio que nuestro hijo, Matt, se iría al cielo años antes de lo que esperábamos y de lo que habíamos orado", dijo Elaine. "Me percaté de que tenía que planear un futuro sin él aunque mi vida en el presente se encontraba saturada con cuidados para él. ¿Quién sería yo entonces? ¿Cómo encontraría paz en la ausencia de mi hijo?"

Elaine comenzó a escribirse cartas a sí misma, preparándose para la muerte de su hijo, cartas que leería mensualmente o cuando atravesara un momento particularmente emotivo. Entrevistó a otros padres acerca de sus sentimientos luego de que sus hijos habían partido al cielo. Y ella se escribió cartas a sí misma acerca de el para leer después de la muerte de su hijo, para ayudarse a seguir adelante. También se involucró en las vidas de otros niños antes de que su hijo muriera. Con el tiempo, esos niños se volvieron como sus nietos. Le dieron el placer y el gozo de una relación adulto-niño que ayudó a llenar el vacío cuando su hijo ya no vivía.

La búsqueda de Mark lo llevó a la paz, también. Sus palabras del viaje que recorrió demuestran que las palabras en la Biblia tienen la habilidad innata de transformar y transfigurar completamente la respuesta a la vida.

Tal vez al principio las verdades bíblicas no se integrarán a su espíritu y a su alma y tampoco tendrán efectos marcados en su cuerpo. Pueden sentirse como algo separado que, aunque crea en ellas, le resulta difícil entender cómo logran hacer una diferencia significativa. Tal vez las sienta como que son solo religión, mientras que ésta es la vida real acá en la tierra y usted necesita concentrarse en lo que está ocurriendo aquí y ahora y no en lo que suceda algún día, tal vez. El porqué de todo tal vez no le resulte claro por un buen tiempo, si es que algún día se aclara. La transformación interna descrita en la Biblia puede parecer imposible.

La Palabra de Dios no es solo para los momentos cuando surgen problemas y hay necesidad de más entendimiento, fuerza o paz. Al sumergirme en la Biblia, me convertía. Yo crecía en mi semejanza a Cristo en Su vida, muerte, sepultura y resurrección. Hacía la diferencia en mí leer cómo Jesús integraba la verdad para manejar la desilusión, el dolor y el sufrimiento porque Dios estaba con Él. Era una revelación que se hacía más profunda. Se convirtió en un pozo de salvación. Una de las sorpresas que emergió fue el gozo.

Su motivación para los demás era que sí era posible, podía suceder. Hay un recurso que excede enormemente a los nuestros. El Espíritu Santo está para consolar, guiar y sustentar todo nuestro ser cuando la vida quiere golpearnos con un martillo y hacernos pedacitos.

La paz es la zona de seguridad. El Nuevo Testamento cuanta varias historias en las que los padres llevaron a sus hijos a Jesús. En cada una, Él puso Sus manos amorosas sobre los niños y oró por ellos. Su manera debe de haber sido gentil y bondadosa, comunicaba seguridad y paz, pues los niños querían acercársele en grupos. Él los recibía con agrado en Su espacio cercano y personal –en Su zona de paz.

ZONA DE VALOR

Cuando usted está dispuesto a entregar la seguridad de lo conocido, puede crearse una nueva oportunidad y entonces puede haber crecimiento. ¿No es eso para lo que se apuntó cuando se hizo padre en primer lugar? Ser padres, cuando se acepta plenamente, es un llamado para los tomadores de riesgos, los buscadores con corazón valiente y, particularmente para los padres de hijos con necesidades especiales. Ser padres no es para cobardes, ¡pero puede convertir a los cobardes en hombres y mujeres de Dios, valerosos y poderosos!

En Cristo, usted no solo encuentra paz sino otra zona, la "zona del valor". Es un lugar interno en donde su mente y corazón pueden habitar en Él en un lugar que reemplaza las duras experiencias externas de ser padre. También es un lugar externo construido a partir de la experiencia. Al ser padre de un niño con necesidades especiales, usted comienza a ampliar el perímetro de su zona de valor. Usted acepta desafíos más grandes y su confianza personal –así como su confianza en su trabajo como padre– incrementa. Es una paradoja. Usted se siente más y más cómodo cuando asume valientemente la incomodidad inherente a la toma de riesgos.

Al pensar en cómo ampliar su zona de valor, lea 1 Crónicas 4:10, "Jabés le rogó al Dios de Israel: 'Bendíceme y ensancha mi territorio; ayúdame y líbrame del mal, para que no padezca aflicción'. Y Dios le concedió su petición." Su territorio se expandió y el suyo también lo hará.

Meredith sintió pánico la primera vez que su hijo Isaac se cayó de cabeza en el piso duro y al caer el diente le cortó el labio. Vio la sangre. Temerosa y desesperada buscando consejo, llamó a su mamá y papá. "¿Pueden cuidar a los otros chicos mientras voy al hospital? Isaac tuvo un accidente". Una semana después, el hermanito pequeño de Isaac, Jacob, que caminaba tambaleante, se tropezó con un juguete y se cayó sobre el mismo piso duro. Se cortó el labio igual. Esa vez, no llamaron a nadie. La zona de valor de Meredith se había ampliado y ella pudo manejar la situación por su cuenta.

"Es simple", dijo Meredith. "No es fácil, pero sí es simple. Uno se vuelve más hábil para saber qué hacer mientras más lo practica. Es más que solo adormecerse a las situaciones que se repiten. Las cosas simplemente ya no le afectan como solían hacerlo. En su lugar, usted tiene valor interno y paz que se extienden al futuro desconocido."

Los atletas entienden lo que ellos llaman "estar en la zona". Es un fenómeno universal experimentado por casi todos los grandes. ¿Qué es esta zona? Y, ¿cómo afecta el desempeño atlético? ¿Cómo la encuentran los atletas? No es de sorprenderse que los psicólogos del deporte hayan estado haciéndose estas preguntas por muchos años. Afortunadamente, han llegado a varias conclusiones interesantes y muy útiles.

En los términos más simples, la *zona* (o *el flow*, como lo llaman algunos psicólogos del deporte), es descrita en términos generales como ese lugar en donde los atletas pueden llevar a cabo sus mayores logros. Es donde pueden alcanzar un rendimiento máximo impresionante y espectacular en comparación con el de sus semejantes. Ese máximo puede ser un récord mundial o simplemente una estupenda fotografía. Los aficionados del deporte, activos o en silla de ruedas, cuentan una y otra vez, con emoción en su mirada, los detalles de un atleta captado en cámara mientras se encontraba en la zona. "¿Viste a ese tipo? ¿Viste lo fantástico que se veía? ¡Era como que estaba totalmente relajado, como si estuviera dándole una mordida a su emparedado favorito al hacer estupendamente lo que hizo!"

La zona para los atletas es un lugar de súper desempeño en donde hasta los mejores pueden llegar a un nivel que va más allá de sus habilidades usuales. Cuando llegan a la zona, se sienten imparables y con frecuencia lo son. Es una mentalidad.

Hechos 17:28 dice, "que en Él vivimos, nos movemos y existimos" y el apóstol Pablo añade, "los que viven conforme al Espíritu fijan la mente en los deseos del Espíritu" (Romanos 8:5b). ¿Qué tienen que ver exactamente estos versículos y la zona con el hecho de ser padres? Se dice que una de las características clave de los atletas que están en la zona es que ignoran los pensamientos negativos. Tienen una autoestima más alta y más confianza; su desempeño lo refleja.

Para los cristianos, vivir en el Espíritu y ser habitados internamente por Cristo, es similar a lo que los atletas llaman estar en la zona. En Su provisión de gracia, usted puede lograr cosas que van más allá de sus propias habilidades. Usted puede, como los atletas famosos, ser alguien imparable. Ahí prevalece la paz y ahí, el Espíritu Santo mejora el desempeño, lo que también produce una confiada expectativa del bien que vendrá—mucho más de lo que uno puede esperar por su propia cuenta.

No se le garantiza que pueda aterrizar "en la zona" todas las veces, pero al alistarse, usted se hace disponible para crecer, trabajando en fortaleza sobre fortaleza. Como el apóstol Pablo, usted puede decir, "sigo avanzando hacia la meta para ganar el premio que Dios ofrece mediante su llamamiento celestial en Cristo Jesús" (Filipenses 3:14).

Para usted como padre, alcanzar la zona no se trata de esforzarse por lograr algo que no tiene. Es más el descubrir algo que ya le ha sido dado, dado libremente por Dios. Usted se está convirtiendo en algo que nunca supo que podía llegar a ser o hacer. Esta conversión nace de su ADN espiritual: su identidad y propósito dados por Dios. Es Su obsequio. "Por tanto, no nos desanimamos. Al contrario, aunque por fuera nos vamos desgastando, por dentro nos vamos renovando día tras día" (2 Corintios 4:16). "¡Qué alivio!," dirá usted, "no voy a tener que trabajar en esto yo solo."

Recuerde, Gedeón no se sentía un guerrero valiente cuando el Ángel se le presentó con su nueva descripción de puesto. Nadie hubiera imaginado que él sería el elegido para liderar al pueblo. Él no lucía como alguien que podía ayudar a su familia, a su país o servir a Dios. Sin embargo, cuando él todavía era débil y las cosas lucían desesperanzadoras, Dios lo llamó guerrero valiente. Esas mismas palabras poderosas que Dios le dio a Gedeón pueden ser suyas ahora.

Descríbase en voz alta. Use estas palabras u otras que usted elija. "Soy un guerrero pacífico y valiente que vive en el Espíritu de gracia, en Él. El Autor de la paz vive dentro de mí. ¡Puedo hacer todas las cosas por medio de Cristo Jesús quien está fortaleciéndome ahora mismo!"

Usted está en el proceso de descubrir su verdadera identidad y propósito, no solo lo que usted es capaz de hacer en sus propias fuerzas al estar bajo presión. Al seguir buscando y extendiéndose más allá de donde usted está, se sorprenderá de cómo experimenta lo que Dios tenía planeado desde siempre. ¿Recuerda la película *Volver al Futuro*? Usted regresará a su ADN espiritual original y luego irá al presente y al futuro con la comprensión de quién es usted realmente. Transformará profundamente su futuro.

Lea estas palabras de la terapeuta Faith Raimer, en las que explica el valor de enfrentar los obstáculos cara a cara.

De cara a los obstáculos

El gimnasta estadounidense Paul Hamm iba en primer lugar luego de tres de seis rondas en la Gimnasia Olímpica Masculina (aparatos individuales) en Atenas 2004. Casi tenía garantizado el oro en su siguiente evento, barra de equilibrio, porque jamás había fallado en su desmonte en ninguna competencia anterior. Esa expectativa quedó destrozada cuando en su desmonte, tropezó y se estrelló contra la mesa de los jueces.

Impactado y humillado, Hamm vio que su posición caía de picada de 1ro a 12vo lugar. Su realidad sufrió un duro golpe, como también lo hizo la esperanza de éxito de sus compañeros de equipo olímpico de EUA. Decir que sentía el peso del mundo en sus hombros no era solo en sentido figurado. En una entrevista que le hicieron después, él admitió saber que si daba un pequeño paso podría impedir su caída y posiblemente tener una mejor calificación en la tabla de posiciones, porque no estaba dispuesto a conformarse con nada menos que la perfección.

Como Hamm usted tal vez no haya considerado algo como un tropezón. O, como otros, tal vez haya querido tirar la toalla y renunciar o quizás se ha preguntado si todos esos años y ánimos camino al éxito iban a terminar así. En lugar de rendirse, Hamm usó la habilidad que Dios le dio para pensar en sus opciones para el siguiente evento. Pensó que un final sólido le podía conseguir un tercer lugar en general y una medalla de bronce. Se decidió a hacer ese pequeño cambio en su forma de pensar y dar lo mejor de sí. Tendría que luchar como nunca antes para conseguirlo.

Lo que sucedió a continuación fue increíble. Hamm pasó del 12vo lugar al 4to y al 1ro con una calificación final (57.823) que fue doce milésimas de punto más que la de su rival más cercano, Kim Dae Eun de Corea del Sur (57.811). La multitud rugió en aprobación por el milagro que acababan de presenciar. Hamm no solo ganó con la final más reñida de la historia en la Gimnasia Olímpica Masculina, sino que fue uno de los mejores retornos de la historia olímpica.

Hay oportunidades en las que no nos sentimos heroicos en lo absoluto y hay veces en las que la impotencia puede funcionar para nuestra ventaja. En el caso de Hamm, el "no tener nada que perder" abrió su puerta de oportunidad a una posibilidad totalmente nueva. No era lo que él había soñado, pero con esfuerzo podría convertirlo en una ganancia.

He descubierto que no es el intento fallido ni la limitación lo que bloquea el camino del logro personal sino que es el tiempo que pasamos lamiéndonos las heridas. Como Hamm, necesitamos levantarnos de donde caímos, sacudirnos el polvo y ponernos en camino otra vez.

Mi hermana mayor y yo solíamos decirnos una frase para auto motivarnos: "¡Corrígete, Raimer!" para cambiar nuestra forma de pensar. ¿Le parece una tontería? Pues funciona. Tomarse el tiempo para reconocer sus sentimientos y exteriorizarlos es algo bueno. También lo es hacerse un recordatorio interno para detenerse, y funciona mucho mejor si la voz que motiva es la suya propia. De esa manera, usted se da permiso a sí mismo de actuar en una forma más adiestrada en la tarea que realiza.

Hamm tal vez no sea la regla, pero sí es un ejemplo de un ser humano siendo un ser humano. Y, como él, podemos usar nuestra habilidad dada por Dios para dirigir nuestra mente y enfocarnos en un esfuerzo concentrado por alcanzar una meta cuando nos enfrentamos a obstáculos.

Aunque, están esos otros momentos en los que nada parece ser de ayuda. Nuestro Señor sabe cuándo nos encontramos con esos momentos. De hecho, Él nos ha provisto de una gran variedad de Escrituras muy dulces cuyo fin es darnos esperanza y calmar nuestra alma. Uno de esos bálsamos sanadores y que calman el alma es Isaías 41:10, "Así que no temas, porque yo estoy contigo; no te angusties, porque yo soy tu Dios. Te fortaleceré y te ayudaré; te sostendré con mi diestra victoriosa" (RVR1995).

Por tanto, no tengan miedo, pues yo soy su Dios y estoy con ustedes. Mi mano victoriosa les dará fuerza y ayuda; mi mano victoriosa siempre les dará su apoyo".

Él quiere que usted sepa que Él lo ama y que está preparado para encontrarse con usted en donde usted se encuentre. ¿Está usted dispuesto a encontrarse con Él ahí? El esfuerzo depende de usted. Los resultados dependen de Dios. ¿Está listo para hacerlo? Puede comenzar dando un pequeño paso hacia adelante: HOY ME DOY PERMISO DE_____.

CÓMO ENTRAR A LA ZONA

Los atletas se preparan para desempeñarse en la zona de tres maneras: práctica, devoción e inmersión. Uno sirve de base para el otro. Entrar a la zona y permanecer ahí les da una ventaja increíble. A usted eso de la zona tal vez le suene a nada más que a trabajo arduo. Su confianza activa en los recursos que Dios ha puesto en usted es en donde usted se expande más visiblemente. Usted se estará convirtiendo en un atleta en la zona, así como en un buscador de tesoros, siempre listo para descubrir la belleza de Su gracia y la creatividad y maravilla de Sus caminos, lo que llenará de energía su trabajo como papá o mamá.

Filipenses 4:13 dice, "Todo lo puedo en Cristo que me fortalece [estoy listo para cualquier cosa y le hago frente a todo por medio de Él que me infunde fuerzas; soy autosuficiente en la suficiencia de Cristo]" (RVR1995).

Fluir en el Espíritu de Dios le da una ventaja considerable. Al seguir rechazando argumentos malsanos usted lleva cautivos sus pensamientos a la verdad en Cristo Jesús. Usted se convierte en un vencedor transformado y en un jugador sabio en el campo de la paternidad. La paz no solo lo visita en el ojo del huracán, sino que también va y se instala en su vida y en su hogar (2 Corintios 10:5). La osadía, el valor y la sabiduría corren junto a usted frente a cualquier desafío.

Aunque muchos artículos describen esa zona, los investigadores no están seguros de saber qué es lo que capacita a los atletas para entrar a ese lugar de súper desempeño y permanecer ahí. Pero, es interesante que pueden determinar qué cosas sí los saca de ahí: el miedo o el enojo. Esos también son los dos ataques principales que el enemigo lanza contra nuestra alma para impedir que vivamos en el Espíritu. Su astuto plan es sacarnos de golpe de la zona que Dios nos ha dado y para la que nos ha capacitado.

Usted es un padre dedicado. Es posible sobresalir en esa habilidad como un atleta campeón. Usted toma la decisión. Usted practica la habilidad. El resto depende del Espíritu Santo, quien le da el poder de "ser".

DEFENSA DE LA ZONA

Un estudio descubrió que un solo momento de terror o ira consume tanta energía del cuerpo como muchas horas de trabajo arduo. Usted sabe lo agotador que puede ser cuando la negatividad se torna abrumadora. Después de que las personas experimentan un susto fuerte o se enojan mucho, se sienten agotados. Si son personas amargadas o enojadas o simplemente ansiosos aprensivos, regularmente consumirán la energía que su cuerpo produce a una tasa mucho más rápida y tenderán a estar cansados con frecuencia. La paternidad ya en sí es agotadora sin este desgaste adicional.

Protegerse contra estos estados mentales enemigos le ayudará a permanecer en la zona al enfrentar la inevitable información negativa, confrontaciones y expectativas. Permanezca en el alto desempeño que solo Dios puede darle al guardar su corazón. Como dice Proverbios 4:23, "Por sobre todas las cosas cuida tu corazón, porque de él mana la vida".

Se dice que las personas creativas y quienes alcanzan grandes victorias operan en un nivel solo del 10 por ciento por encima –o aún menos– que los demás que solo existen (solo sobreviven). En otras palabras, las personas de alto desempeño practican, estudian y se preparan de otras maneras para desempeñarse a un nivel que solo es 10 por ciento más alto que el resto de nosotros.

Cuando usted comienza a caminar en la provisión del Espíritu de Dios siendo padre de una dulzurita con necesidades especiales rara vez dejarán de tentarlo las circunstancias con la preocupación, el temor o a enojarse con alguien o algo. Por ello, es importante guardarse del temor, ansiedad, enojo y de cualquier otra actitud negativa incluyendo la falta de perdón. Disminuyen significativamente su desempeño y sus energías en las tareas.

¡Los enemigos que nos agotan pueden impedirnos alcanzar nuestra herencia celestial! La preocupación es perjudicial en el proceso de heredar las promesas de Dios. Abandonar el enojo no solo es una respuesta piadosa, sino también una muy saludable y eficaz. Aprender a habitar en la paz de Dios también es valioso. Ahoga el fuego de la turbulencia irracional y emocional. Filipenses 4:8 tiene la respuesta que necesitamos. Dice, "Por último, hermanos, consideren bien todo lo verdadero, todo lo respetable, todo lo justo, todo lo puro, todo lo amable, todo lo digno de admiración, en fin, todo lo que sea excelente o merezca elogio".

Es posible experimentar Su paz en los momentos difíciles a futuro e ingresar a esa zona de valor. Resista el temor. Resista al enojo. Perdone. ¡Anote un cuadrangular sacando la bola por encima de la barda! En 2 Timoteo 1:7 leemos, "Pues Dios no nos ha dado un espíritu de timidez, sino de poder, de amor y de dominio propio". Elija la paz que sobrepasa todo entendimiento. Entrar a la zona es una destreza que hay que dominar, sí, pero no es una que pueda obtener por su propia cuenta; Dios se la ofrece a Su equipo. ¡Y usted está en Su equipo familiar!

***

Guarde su corazón

Tal como el perdón sirve bien a la resistencia y a la diligencia,
la paz trae fortalece contra los embates del infierno.

No toda buena respuesta despertará el deseo de producir,
pero toda respuesta de Dios lleva en sí misma el fruto eterno.
(2 Pedro 1:11)

El amor no siempre dice sí ni ofrece una dulce caricia. A veces se retrae,
pero sin importar qué sea llamado a hacer, el amor nunca falla.

Ofrezca sacrificios espirituales aceptables a Dios (1 Pedro 2:5),
¡y recuerde que un espíritu manso y apacible no solo es valioso sino también eterno!
(1 Pedro 3:4)

***

La zona de valor para usted es la zona de Dios, una zona en donde el temor a los errores o a los ataques incómodos ya no dicta cuáles son sus respuestas. En esa zona, sus reveses como padre y como persona ya no tienen el poder de definirlo. Tampoco dictan cuál es el marcador del equipo.

SUGERENCIAS PRÁCTICAS

Jana citó Salmos 91 todas las mañanas mientras se vestía. Su hijo continúa leyendo ese mismo salmo cuando se siente ansioso. Él ama la música, por lo que Jana le compró un teclado. Qué gozo fue para ella verlo ahí de pie, tocando durante horas.

Keri descubrió que si mantenía música instrumental suave y apacible en su casa día y noche, aportaba una medida de tranquilidad.

John y Kathy son corredores atléticos. Salir a una buena corrida les ayudaba a liberar el estrés y a calmar las dificultades del camino de la paternidad.

Considere escribir una lista con las situaciones, pensamientos, actividades personas e incluso las respuestas de su hijo, que le dan paz.

ORE

Amado Señor, hasta que te vea cara a cara o en la respuesta que busco, que yo pueda ser hallado en Tu gracia que me habita, que mi alma esté acallada en Tu paz. Sumérgeme nuevamente en la plenitud de Tu Espíritu. Equípame y empodérame para vivir en el Espíritu Santo y a través de Él. Confío en que Tú me concederás el valor que se necesita. Capacítame para ser un papá bien sintonizado y uno que está consciente de las necesidades de mi hijo, así como de los abordajes e interacciones. Confío en que estoy creciendo en confianza. Gracias por las nuevas técnicas que estoy aprendiendo. Quiero responder a cada oportunidad, haciendo que cada una sea significativa. Ayúdame a descansar en Ti y a esperar pacientemente. Creo que la atmósfera de mi hogar es llena de amor, esperanza y paz interna.

REFLEXIONE

1. ¿Qué significa la paz para usted que es padre de un niño con necesidades especiales? Considere pronunciar palabras creativas a partir de las palabras de Dios.

    - Todo lo puedo en Cristo que me fortalece.
      (Filipenses 4:13)
    - Soy más que vencedor en Cristo Jesús.
      (Romanos 8:37)
    - El espíritu de temor ya no me controla, sino que tengo un espíritu de amor, poder y auto-disciplina. Tengo dominio propio.
      (2 Timoteo 1:7)
    - Vivo, me muevo y soy en Cristo. Confío en el Señor y en el poder de Su fuerza. Mi mente está puesta en lo que el Espíritu desea.
      (Hechos 17:28)

2. Considere apuntar sus propias declaraciones positivas de identidad a partir de las palabras de Dios que lo definen y le dan vida; permita que el poder del Espíritu obre. Considere leer las declaraciones con frecuencia para fortalecer su "zona de valor" en Él.

Capítulo 5

Cataratas congeladas: ¿Cómo puedo yo...?

De culpable, a la defensiva y distante a sosegado, comprensivo y equipado

Sí, el temor inicial al pensar en lo que se necesitará para proveer cuidado continuo a su hijo lo dejó sin aliento. Pero sobrevivió. Comenzó su búsqueda para saber cómo vivir en su *identidad transitoria*. Pero a veces, las circunstancias duras y crudas se amontonan una sobre otra. Puede ser que se sienta como si su alma ha comenzado a congelarse, muy parecido a una catarata congelada—inmovilizada. ¿Qué le sucedió al caudal de poder y bendición?

Sus planes para el futuro se detuvieron por completo. Usted vive en un mundo diferente (¿será que la palabra *extraño* lo describe más atinadamente?) al de casi todas las personas que usted conoce. El cuidado y amor de amigos y familia no parecen hacer la diferencia que tanto necesita.

Las cataratas son una de las maravillas de la naturaleza. Es muy probable que usted se haya quedado inmóvil y boquiabierto al ver una catarata alguna vez. Quizás haya hecho una pausa para escuchar cómo suenan las gotas al caer o hasta haya escalado en algún lugar distante para quedar maravillado por el poder de las cataratas mundialmente conocidas, por ejemplo las Cataratas del Niágara o las de Victoria. Pero, ¿y qué hay con las cataratas congeladas? ¿Alguna vez se ha quedado viendo una, atento a escuchar la voz congelada? ¿Puede identificarse en este momento con su estado congelado?

John recuerda el susto inicial, pero parecía tener la habilidad muy positiva de creer que todo saldría bien. Él creía que las cosas funcionarían bien al final. Luego, cuando parecía que una dificultad lo conducía a la siguiente, apareció con más frecuencia esa mirada abrumada, de ojos fijos. Comenzó a sentir que su esperanza había sido prematura y que lentamente lo estaban drenando de cualquier posibilidad de lidiar con la situación. Él dijo, "En medio de todo, descubrí un yo diferente, un yo que yo no sabía que existía. A veces era un yo que no quería volver a ver jamás, pero con el tiempo se convirtió en una mejor versión de mí, un hombre resiliente que no solo sí podía lidiar con la situación, sino que disfrutaba de la vida durante el viaje".

¿Qué tipo de fuerza hace que una catarata en movimiento se congele mientras cae? A diferencia de lo que sucede con los cuerpos de agua inmóviles, la física del congelamiento es mucho más compleja con el agua en movimiento. Las cataratas no dejan de fluir inmediatamente para congelarse al descender drásticamente la temperatura al punto de congelación. Toma tiempo poder ver un cambio notorio en el estado, cuando se compara con el agua sin movimiento en las mismas condiciones. En una catarata de caída libre, el hielo comienza a pegarse a una saliente. Gradualmente, el hielo va formando un ancla desde la cual sigue creciendo. Si el agua es suficientemente fría durante suficiente tiempo, crecerá una columna que recorrerá la longitud de la catarata.

El congelamiento para los papás empieza gradualmente en la etapa de supervivencia, cuando se percatan de aquello a lo que se enfrentan. Mientras siguen buscando respuestas, vuelven sus ojos hacia adentro, así como hacia afuera. Puede ser que estén enojados consigo mismos por dar a luz o adoptar a este niño. Algunos llevan consigo un dolor profundo, que lo abarca todo, por saber que ellos o los padres biológicos tomaron una mala decisión que resultó en las necesidades especiales de su hijo. Cualquier desilusión continua puede crear una condición que avasalla el alma, desde donde se agarra el hielo. Pueden comenzar a congelarse por dentro.

SILENCIO DE HIELO

Después de los meses iniciales de lucha y de las adaptaciones necesarias para la etapa de supervivencia, seguidos de la etapa de búsqueda exhaustiva, muchos padres se sienten aislados y solos, lo que se acentúa con esos días en los que no pueden ni moverse. Les es difícil creer que alguna vez se volverán a sentir "normales". ¿Qué es normal, en todo caso? Una respuesta común cuando alguien se extiende hacia ellos es a veces una de esas miradas 'perdidas el Ártico' o un hilo de voz que responde, 'No quiero hablar de ello'. Demasiado congelado para hablar.

"Lo callé todo," dijo John. "Nadie en mi oficina sabía la dimensión cabal de lo que mi familia estaba lidiando con el recién nacido. Ni siquiera se lo contamos a nuestros parientes en el Este. Parecía que hacerlo consumiría más energía de la necesaria tratando de explicar. De todos modos, ¿quién podría entender nuestro dolor? Y, para serle honesto, no estábamos seguros de no ser los culpables. El silencio parecía ser la mejor opción."

Denette describe un día memorable en su situación como padres sustitutos y luego como padres adoptivos de un niño con necesidades especiales.

¿Terapia con un tablón?

Mi hijo sustituto, Bill, y yo estábamos en las clases de estimulación para maternales un día, cuando entraron los padres biológicos abusivos. Mi esposo y yo estábamos tan enojados. No se suponía que debíamos verlos ni ellos a nosotros. Ellos sabían que nosotros estábamos en la terapia. Cuando mi esposo los vio, dijo que le gustaría darles terapia a ellos con un tablón de 2 x 4 por lo que le habían hecho a este bebé.

Ese día me preguntaron si yo era la mamá sustituta. Los miré y al responderles, sentí una emoción diferente en mí. Ellos eran aún más patéticos que las personas horrendas que había imaginado. La mamá biológica tenía un hermano menor que había muerto por causa del abuso y el papá de ella estaba en prisión por asesinato. La mamá biológica había llegado a la conclusión de que cuando la gente viera a su hijo, quedaría en evidencia la conducta abusiva y vergonzosa de ella y de su esposo. Por eso, lo "liberó" para que lo adoptáramos.

Mi hermana, Carole, me preguntó después, "¿Cómo pasaste de los pensamientos de represalias y enojo a sentir conmiseración por ellos?"

"Fue Dios, solo Dios," le respondí. "Tomó tiempo, pero al crecer nuestro amor por Bill, nuestra compasión por sus papás comenzó a conquistar el enojo. Sentíamos lástima por ellos y empezamos a orar que sus tiempos de terapia trajeran una restauración saludable."

Tal vez usted también experimentó emociones similares a las de Denette y su esposo. O tal vez se pregunte cuánto tiempo más sentirá este enojo como un témpano. Tal vez se cuestione, o ni sepa, si sus acciones contribuyeron a las necesidades especiales de su hijo. El hielo se ha comenzado a formar en esa saliente de su corazón. ¿Durante cuánto tiempo sufrirá ese remordimiento frío y doloroso o esa angustia por culpabilidad?

Si usted cree o sabe que fue su culpa la condición de su hijo, sus reacciones a ciertas circunstancias (usted sabe cuáles) pueden contribuir a la formación de ese hielo por dentro. Pueden hacer que usted sienta culpa o vergüenza, enojo, ira, o hasta un dolor emocional no identificado acompañado del auto odio que produce un agotamiento rotundo.

La vergüenza de cuestionarse: ¿Será algo que ingerí? ¿Habré omitido alguna vitamina importante? ¿Soy yo el culpable? ¿Será que la condición médica de mi hijo era parte del ADN en mi linaje familiar? Esas preguntas y otras más pueden congelar sus emociones.

El sentimiento de temor. ¿Qué más? ¿Cuánto más? ¿Será que algo ocurrirá a media noche que no podré manejar? ¿Tendrá mi hijo una vida plena? ¿Cómo será el año escolar el año entrante? ¿Tendré suficiente dinero para hacerle frente a todas las necesidades de salud y cuidados que vienen? ¿Cómo se verá afectado mi matrimonio?

La experiencia del agotamiento: No puedo más. No puedo ganar lo suficiente para cubrir todos los pagos. Si no logro controlar mi situación, los demás me etiquetarán como inadecuado, no amoroso, incapaz. No sé cómo continuar. Las palabras y pensamientos de autocrítica me ofenden, profundizan mi sensación de incapacidad y me roban el potencial de la victoria.

La etapa de *adaptación* que viene inmediatamente es un tiempo para clasificar y cambiar. También es tiempo de recordar el recurso que tiene para la salud de su alma: Jesucristo como su Señor personal y el Espíritu Santo como su Consolador. Usted y su familia son preciosos a Sus ojos. El Espíritu Santo sabe que ninguna persona puede comprender plenamente, ni ir a donde ningún humano puede ir. Él puede hacer la diferencia. Él puede traerle una vida llena de cosas nuevas. El alivio ya viene, ya sea que lo entienda como para responder a sus preguntas o no.

Indistintamente de cómo llegó ahí, estar consciente del honor que se le ha confiado en este viaje como padre es algo que se aprende y que toma tiempo. Dese tiempo a usted y a quienes lo rodean para llegar a conclusiones más positivas y motivadoras de quién es usted, lo que puede hacer y cómo experimentará el amor y paz de Dios. Continúe apartando tiempo y prestando un oído atento al Espíritu de Dios. Con Su ayuda, la quietud podrá llegar a ser más que las preguntas internas. Es una verdad sobrenatural y milagrosa saber que sí es posible vencer el enojo, la culpa, la vergüenza, el arrepentimiento y los efectos negativos del trabajo físico y emocional tan duros que ahora experimentan.

Todo niño es un regalo. La actividad de ser padre de un niño con necesidades únicas puede convertirse en una aventura sorprendente, parecida a un crucero a Alaska que reemplaza las vacaciones planeadas a una isla tropical. Ser padre de un niño con necesidades especiales se convierte en una oportunidad de vivir y de manifestar la expresión de amor incondicional de maneras que pocos tendrán el privilegio de experimentar. Ya sea que sus emociones validen la verdad o no, es un honor el que les haya sido confiada la vida de su hijo para ser sus padres.

ANCLA DE HIELO

Cuando piensa en una catarata congelada las palabras como *inmovilizado, suspendido* u *hostil*, podrían venir a su mente. ¿Conoce usted a personas que escalan estas bellas obras maestras gigantescas y congeladas? Escalar cataratas congeladas es una forma avanzada de escalada en hielo. ¿Alguna vez le ha dado un vistazo a esas revistas de montañismo en hielo o visitado los sitios web de los montañistas? Las fotografías son increíbles. Ahí están ellos, esos hombres y mujeres de corazón salvaje, escalando cataratas congeladas. Hace que uno se pregunte qué los inspira y los impulsa.

Los montañistas de hielo, los que escalan los muros congelados, lo hacen cargando un bolso con herramientas. Las herramientas más importantes son el pico y las anclas. El pico crea una apertura en donde antes no la había y el ancla lo mantiene seguro en su lugar hasta que pueda dar el siguiente paso.

Aquí están tres versículos de las Escrituras que puede incluir en su "bolsa de herramientas" con unas palabras de pico y ancla (lo que aparece en paréntesis lo añadí yo).

"Ciertamente, la palabra de Dios es viva y poderosa, y más cortante que cualquier espada de dos filos (*o piqueta*). Penetra hasta lo más profundo del alma y del espíritu, hasta la médula de los huesos, y juzga los pensamientos y las intenciones del corazón. Ninguna cosa creada escapa a la vista de Dios. Todo está al descubierto, expuesto a los ojos de aquel a quien hemos de rendir cuentas." (Hebreos 4:12–13).

"Por lo tanto, mis queridos hermanos, manténganse firmes e inconmovibles (*manténgase anclado*), progresando siempre en la obra del Señor, conscientes de que su trabajo en el Señor no es en vano." (1 Corintios 15:58).

"Tenemos como firme y segura ancla del alma una esperanza que penetra…" (Hebreos 6:19).

El montañista de hielo experimentado, reúne sus herramientas y las usa con destreza para escalar desde la base de la catarata congelada hasta la cima. Usted reúne sus herramientas para la escalada. Mientras más las use, más diestro se vuelve. Pero antes de poder avanzar en la etapa de *adaptación*, en donde la escalada en hielo no parece tan disparatada después de todo, es fundamental soltar la culpa o la ofensa y adquirir la destreza emocional y espiritual del perdón.

CULPA

Cada padre trata con la culpa. La historia de Angie es un ejemplo. Mamá por segunda vez, Angie se sentía relativamente confiada de sus habilidades maternas. Un día, al apresurarse al subir las gradas cargando a su bebita de seis meses para cambiarle el pañal, tropezó y se cayó en las gradas. Sus brazos recibieron el impacto del golpe, pero para su espanto, la frente de la bebé también impactó la grada. Horrorizada, Angie vio que un delgado hilo de sangre comenzó a recorrer la cara de su hija. Pronto fue visible que sería necesario ponerle una puntada o dos para cerrar la herida.

Cuando Angie llegó al hospital, se sentía sumamente culpable. ¿Cómo pudo ser tan descuidada? ¿Quedaría marcado el rostro de su hija por le resto de su vida, recordándole a Angie su error? O peor aún, ¿el chichón en la cabeza le provocaría daño cerebral? El personal del hospital hizo que Angie repitiera la historia de la caída una y otra vez a distintas personas, una trabajadora social le dijo, no usando indirectas, que su historia no era cierta y que quizá había abuso infantil. A la culpa se le añadió el horror cuando entendió cuáles eran las implicaciones.

Angie quedó congelada al inicio. ¿Cómo saber a dónde llevaría esta tormenta glacial en la que estaba? Ella sí era culpable de causar un serio daño a su bebita, pero había sido por accidente. Esas gradas de madera deberían haber estado cubiertas con alfombra. Ella no era la única culpable. Al sanar los puntos en la frente de su hija, Angie ansiosamente buscaba señas de trauma cerebral. Y al buscarlos, oraba, pidiéndole a Dios Su perdón y sanidad.

La familia y amigos estaban espantados con la situación, pero Angie se ancló en Dios. La herida sanó. La cicatriz fue pequeña. Años más tarde, su hija sí tuvo problemas en la escuela y la diagnosticaron con un problema leve en el aprendizaje. Con ayuda logró sobreponerse a sus limitaciones y obtuvo su título de maestría y se convirtió en una exitosa mujer de negocios y mamá. ¿Habrá sido la caída la causante de su discapacidad en el aprendizaje o habrá estado siempre en el ADN de su hija? Angie nunca lo sabrá.

Los familiares, además de los padres, pueden sufrir de culpa. La historia de Camille, a continuación, muestra que los hermanos pueden sufrir también.

La hermana mayor

Aunque no parezca del todo lógico, la culpa es un subproducto muy grande para los hermanos de un individuo discapacitado. Pregúnteselo a cualquiera de nosotros.

Como la hermana mayor de un hermano severamente discapacitado con parálisis cerebral, crecí sintiéndome impotente, culpable y en un estado constante de búsqueda por respuestas para los misterios más profundos de la vida. Sin autoridad para tomar decisiones para la vida de mi hermano, no tuve otra opción más que ser una espectadora frustrada mientras mis papás daban todas las órdenes en las decisiones de vida para mi dulce pero indefenso hermano.

Kevin carece de TODA habilidad de controlar sus funciones motoras, excepto sus hermosísimos ojos y sonrisa. A su lado como la hermana protectora, viéndolo crecer e incapaz de "arreglarlo", me encontraba en un constante estado de descontento e inquietud. No pasa ni un día sin que sienta un dolor sordo, profundo en mi alma porque yo puedo vivir una vida "normal" mientras que mi propio hermano de sangre está atrapado en un cuerpo que no funciona.

Durante gran parte de mi vida estuve en la etapa de búsqueda, sin poder pasar más allá. Parte de la razón es que no tenía el control de las decisiones grandes –como llevarlo a una institución a tiempo completo cuando tenía tres años de edad, no darle recursos para estimular su cerebro y cuerpo cuando era joven o colocarle una sonda de gastrostomía por los riesgos de la neumonía. Pero la causa mayor es que he cuestionado a Dios.

Mi viaje para entender la mente de Dios en la última pregunta sin respuesta de "por qué" me impulsó a entrar en el dolor y descubrir más y más que las únicas respuestas que me satisfacen está en el conocer a Dios. He descubierto que para mí, la única salida de la etapa de búsqueda es presionar más profundo en el conocimiento de Dios. Solo Él tiene las respuestas que satisfacen mi alma, porque solo ÉL ofrece esperanza más allá de este mundo a la vez que solo ÉL ofrece paz en este mundo a través de la paz que Él trae a mi corazón.

No importa que la culpa sea válida o no, lo es importante es sobreponerse a ella. Un padre culpable o uno que tiene rencor contra la culpa de otro no es libre para convertirse en el padre que él o ella quiere ser. La culpa entorpece la saludable etapa de *adaptación*.

PERDÓN

¿Alguna vez ha vivido en donde el clima es frío e inclemente, con lluvias gélidas o tormentas de nieve? ¿Qué tanto se puede viajar en condiciones climáticas como esas? Muy poco, si es que algo. La visibilidad queda reducida, en el mejor de los casos, y a veces uno queda irremediablemente atrapado en donde está por el hielo o la nieve.

La falta de perdón es como el mal clima. Detiene el libre fluir de las bendiciones de Dios. La falta de perdón hacia usted o hacia otros lo mantiene cautivo con pensamientos recurrentes de amargura, desánimo y dolor. Tiene un efecto negativo en lo espiritual, emocional y físico en todo su ser. Bloquea la mejor entrada de Dios para traer consuelo y ayuda. Usted puede terminar sintiéndose como una rana de madera en Alaska durante el invierno, cuando dos tercios del agua en su cuerpo se congelan al punto en el que luce casi como una paleta de rana.

Denise está familiarizada con el frío congelante de la falta de perdón. "¡No puedo contar cuántas veces lo estropeé todo!", se lamentó ella. "Me daba vuelta el estómago cada vez que escuchaba mensajes de voz de la terapeuta pidiendo otro tiempo a solas conmigo o cuando mi compañero de trabajo me avisaba que yo que había recibido otra llamada de la escuela. Y las peores reacciones de enojo se daban cuando mi hijo se rehusaba a tomar sus medicinas o a que lo abrochara en su asiento. Los resentía a todos por hacer que mi vida fuera tan miserable, o al menos eso es lo que pensaba en ese momento.

"Finalmente el perdón se convirtió en el anticongelante. Aprendí que el perdón no se trata de dejar que usted o alguien más se salga con la suya haciendo el mal. Se trata de ser libre de las consecuencias emocionales y espirituales, dejando el resultado en manos de Dios. Una y otra vez en Lucas 6:37 me venía a la mente 'Perdonen, y se les perdonará', y con el versículo, una habilidad renovada para liberarme y a aquellos contra los que tenía alguna ofensa."

Su historia trae a mi mente las palabras en Hechos 3:19, "Por tanto, para que sean borrados sus pecados, arrepiéntanse y vuélvanse a Dios, a fin de que vengan tiempos de descanso de parte del Señor". La palabra *arrepiéntanse* simplemente significa cambiar su forma de pensar y actuar de otra manera.

Ron dijo que él y su esposa se culpaban después de descubrir que su hija ciega sufría de una enfermedad genética. Pensaban que era su culpa. El auto-perdón era sumamente importante para que pudieran avanzar.

Josh aprendió cuál es la relación entre el perdón la culpa, el dolor y las emociones negativas como el enojo. "Menos culpa es igual a menos dolor; menos enojo es igual a menos dolor. Sí, es bueno reevaluarse o recibir el consejo de profesionales en los que confíe.

Cuando sea oportuno, haga los ajustes necesarios. Luego, después de haberlo hecho, dese un descanso emocional y espiritual. Perdone."

A Jana, mamá de un niño con hidrocefalia, el perdón le era un desafío.

Perdonar lo imperdonable

A los tres meses de embarazo, pensé que perdería a mi bebé. Oré una oración simple y los síntomas se redujeron. Todo está bien, o eso creí.

Jason tuvo un nacimiento traumático. Nació por medio de una cesárea luego de cincuenta y dos horas de trabajo de parto. Después de una semana en el hospital, empezó a presentar señales de problemas. Nada calmaba su llanto. Continuamente estaba incómodo. Los doctores, sin embargo, decían que todo estaba bien.

Nosotros, los pacientes y padres, tenemos la tendencia de creer que los médicos tienen todas las respuestas. En este caso, mi esposo y yo elegimos buscar otra opinión. Llevamos a Jason a otra ciudad, y recibimos otro diagnóstico: hidrocefalia con solo horas de vida. De repente, era vida o muerte. Se le dio el tratamiento necesario.

No hace falta decir que una vez evitamos la crisis y ya pudimos pensar nuevamente, tuvimos que perdonar en serio a los médicos del pequeño pueblo donde vivíamos. Ellos no tenían el conocimiento para diagnosticarlo y simplemente lo habrían dejado morir.

CON TODO Y ESO

Usted tal vez haya consultado a profesionales en el pasado y los ha mantenido cautivos en la ofensa, o tal vez usted siente que se merece el dolor que siente. Es posible que usted crea que el perdón amoroso de Dios es un maravilloso ofrecimiento, pero todavía le cuesta asimilarlo. ¿Por qué? ¿Será que cree que no se lo merece? Aún así, Él lo perdona.

Shaunie luchó con perdonarse a sí misma. Ella escribió lo siguiente en su diario.

***

Cataratas congeladas, ranas congeladas y yo

Muy poca energía para moverme.
El frío intenso se asienta.
¿Volveré a sentir calor?
¿Qué me detiene?
¿Será que soy una anomalía?
Hasta las ranas del bosque congeladas en Alaska viven.
Las cataratas congeladas se derraman desde el borde.
Debe haber esperanza para mí.
¡Temperaturas bajo cero! ¿Qué significan para Ti?
Seguramente que mi alma tiene anticongelante.
Mientras tanto, seré la campeona del frío.
Revive mi corazón.
Dame aliento.
Misteriosamente hazme osada.

***

Shaunie entiende que el estado congelado no le permite perdonarse a sí misma. "Aprendí de la manera dolorosa que la falta de perdón resulta en vergüenza, y la vergüenza es una de las fortalezas más difíciles de derrotar. Debilita aquello en lo que usted cree que puede convertirse y desactiva cualquier forma de confianza u osadía. Un día descubrí que me quedé mirando fijamente a la puerta del clóset durante una hora porque no quería tomar una mala decisión. ¿Y cuál era esa decisión tan paralizante? ¡Solo era elegir cómo vestirme ese día!"

Gracias a Dios había otros ahí que la ayudaron. "Al principio era imposible creer que yo debía ser perdonada. Aun cuando quería creerlo, no podía. Fue necesario que las personas me perdonaran, que me mostraran amor incondicional, antes de que yo pudiera tan siquiera imaginar la posibilidad de ser libre de la vergüenza."

Perdonarse a sí mismo es primordial para poder responder al precio que Jesús pagó para perdonarlo, redimirlo y restaurarlo. No es un sentimiento. Es un acto de fe. Alinearse con el amor misericordioso de Dios es una decisión de su voluntad. Perdonarse a uno mismo derrite el corazón endurecido y libera sus emociones para que experimente intercambios saludables en sus relaciones una vez más.

El perdón mejora con el paso del tiempo. Restaura la disposición para que una vez más sea cálida, encantadora, resplandeciente. Contrasta con el frío extremo, penetrante. La misericordia, compañera del perdón, es un catalítico y posee una especie de maravillosa elasticidad. Le rebota de vuelta a todos los que deciden extendérsela a otros. Mateo 5:7 dice, "Dichosos los compasivos, porque serán tratados con compasión". Este versículo deja claro que es al misericordioso a quien Dios le extenderá misericordia a cambio. Inspire profundamente. Elija soltar cualquier ofensa a medida que exhala. Ahora reciba el perdón donde lo necesite cada vez que inhale lentamente varias veces. ¿Puede sentir que el alivio de la misericordia derrite lo no deseado?

Cuando el héroe político del mundo, el sudafricano Nelson Mandela, murió en diciembre de 2013, varios presentadores de telediarios repitieron sus palabras más profundas e icónicas. Él había tenido una fuerte influencia en el país, aun cuando estaba encarcelado. En lugar de buscar la venganza contra los que se le opusieron luego de haber estado veintisiete años en la cárcel, él eligió perdonarlos y continuar. Cuando fue liberado y se hizo presidente de Sudáfrica, sus palabras fluyeron libremente en un espíritu opuesto a lo que él había experimentado personalmente. El efecto fue transformador. Su liderazgo en el país se convirtió en un ejemplo de esta verdad: "El perdón tiene el poder de sanar".

Mandela no hizo las preguntas, "¿Quién, yo?" o "¿Por qué yo?" o "¿Cómo es que...?" Y, como no las hizo, su influencia en toda la nación fue fuerte aun cuando estaba encarcelado. Sus preguntas eran más bien, "¿Qué sigue?" y "¿Qué necesitamos hacer ahora para alcanzar la meta, para hacer una diferencia histórica?" Su perdón tan manifiesto brilló por todo el país de Sudáfrica. Cuando fue liberado de la cárcel, fue electo al puesto más alto de liderazgo en la nación.

El sol puede derretir el hielo. Las cataratas congeladas se pueden descongelar con el calor de los rayos del sol. Y los aventureros escaladores del hielo pueden aceptar el reto hasta que las fuerzas de las corrientes de agua se estrellen contra el borde del precipicio. No se les olvida la maravillosa y tentadora vista desde la cima.

Una persona perdonada, una que acepta la limpieza de Dios, está abierta a una actitud atrevida en la paternidad y en las nuevas alturas de este ascenso llamado paternidad. El corazón es lo que cambia cuando se recibe la plenitud de Su perdón para la vida propia y para los demás. Y cuando su corazón cambia, surge la esperanza. Los colores son más brillantes. La agobiante rutina diaria pierde un poco su tosquedad. Las relaciones no son tan tensas. Resurge la energía emocional. Usted vuelve a sentir una fuerte libertad interna. Descubre su sonrisa interna, una gratitud saludable por las pequeñas bendiciones que no había visto a lo largo del camino. La libertad es vivificante.

1 Juan 1:9 dice, "Si confesamos nuestros pecados, Dios, que es fiel y justo, nos los perdonará y nos limpiará de toda maldad". Juan 20:23 dice, "Si ustedes perdonan los pecados de alguien, esos pecados son perdonados". (NTV)."

***

Mayor

¿Cuál pecado es mayor a Su pureza?
¿Cuál incredulidad puede cancelar Su gracia?
¿Cuál tradición puede cambiar alguna de Sus virtudes?
La mía no.
La mía no.

¿Cuál tormenta puede superar Su paz?
¿Cuál temor puede limitar Su gloria reinante?
¿Qué ignorancia puede engullir Su misericordia?
La mía no.
La mía no.

¡Su vida es infinita, su amor perdurable hasta mi rotundo final!
¡Su bondad proclama Su favor, expulsando las tinieblas para siempre!
Su Nombre es Jesucristo, Hijo de Dios, Salvador, Señor y mi Amigo.
¡Todo mío!
¡Todo mío!

***

La fuente de esta forma de pensar al estilo "con todo y eso" está manifiesta en la historia que está registrada en Lucas 7:36-50. Jesús cuenta una historia para tratar de explicar por qué una mujer llorosa ignoró el rechazo sentencioso de los líderes de aquel día. Ella, abriéndose paso entre ellos, reverentemente ungió a Jesús con un aceite perfumado. "Por esto te digo: si ella ha amado mucho, es que sus muchos pecados le han sido perdonados. Pero a quien poco se le perdona, poco ama" (Lucas 7:47). Saber que usted es perdonado y perdonar a otros abre la puerta de par en par, lo que le permite experimentar el amor capacitador de Dios en su máxima expresión.

El perdón fluye. El amor es gratificante. El amor tan costoso y extenso de Dios lo ha perdonado. Ahora usted puede extender Su perdón misericordioso a quienes están en necesidad crítica de ser perdonados (Mateo 6:12). Dios no quiere que usted esté congelado, devastado por la desilusión, indefenso, desesperado, con el corazón frío, o inamovible. Al liberar los sentimientos duros que ha albergado contra usted mismo o contra otros, una fuerza fresca, vigorizante le ayudará a saber qué pasos dar a continuación al escalar.

Ya está comenzando a darse cuenta de que su Padre celestial no es el autor de esas situaciones paternales negativas a las que se enfrenta, sino que es el autor de su inminente sabiduría, consuelo y fortaleza. Él está equipándolo con lo que usted necesita para ascender a las alturas de la catarata congelada.

Su capacidad de amar está incrementando. La gracia, misericordia y amor de Dios le han dado un corazón compasivo hacia los otros al elegir usted actuar a partir de Sus verdades con un corazón íntegro (Lucas 6:36). En 1 Juan 1:7 dice, "Pero si vivimos en la luz, así como él está en la luz, tenemos comunión unos con otros, y la sangre de su Hijo Jesucristo nos limpia de todo pecado" (RVR1995). En 2 Corintios 4:6 leemos, "Porque Dios, que ordenó que la luz resplandeciera en las tinieblas, hizo brillar su luz en nuestro corazón para que conociéramos la gloria de Dios que resplandece en el rostro de Cristo".

Su Padre celestial siempre está interesado en el incremento. Usted ha pedido perdón y ha sido perdonado. Le ha sido concedida misericordia, la misericordia de Él. Su luz resplandece donde antes había tinieblas. Su don es la luz del conocimiento de la gloria de Dios delante de Cristo.

ORE

Amado Señor Jesús, estoy tan agradecido por el sacrificio de Tu amor que perdona mi pecado. Escrito está en 1 Juan 1:9 que si confieso mis pecados, Tú eres fiel y justo para perdonarlos. Hoy traigo desde el menor hasta el mayor delante de ti y pido Tu perdón. Elijo perdonar, no solo a quienes han pecado contra mi familia o contra mí, sino también perdonarme a mí mismo.

También en 1 Juan 1:9, Tú dijiste que me limpiarías de toda injusticia cuando pidiera perdón. Confío en que Tú no solo me perdonas sino que me limpias de todas las razones por las que no di en el blanco, cuando pasé de largo en las señales de ALTO, cuando elegí mal o corrí en la dirección incorrecta. Elijo hoy dar la vuelta y creer que Tú me has perdonado, librado, limpiado y que me has dado la plenitud de Tu Espíritu Santo para llenar todos esos lugares que antes estuvieron atados por el pecado y creo que Tú limpias mi ser interior.

Dios Padre, mientras espero a que la intensidad plena de la luz de Tu amor derrita todos esos lugares congelados, confío en que estoy descubriendo nuevas destrezas para escalar el hielo. Creo que un día veré hacia arriba y me daré cuenta de que la temporada de escalada de hielo ha terminado. Las cataratas fluirán nuevamente, el sol resplandecerá y será hora de pasar a la siguiente aventura.

REFLEXIONE

1. ¿Quién lo está exasperando, ofendiendo, abandonando o simplemente fastidiando? Considere decir una oración de perdón por aquellos que le vinieron a la mente mientras leía.

2. Ahora, considere dar un paso más. Bendígalos con un pensamiento cariñoso en oración. Podría pedirle a Dios que lo consuele, apoye o que bendiga a su familia o trabajo. Podría orar para que su relación eterna con Jesús sea cercana y dinámica. Hay tantas maneras de bendecir a quienes lo persiguen u orar por quienes despectivamente lo usan, así como por quienes se meten en el camino. Piense en la posibilidad de decir una oración interna cada vez que se

encuentre pensando o sintiendo un pensamiento negativo acerca de esa persona. Estará respondiendo con un espíritu opuesto a sus inclinaciones pasadas y, muy probablemente, resultará en algo más saludable para usted personalmente.

3. El perdón protege y provee para su alma. Respire profundo y suelte la falta de perdón y reciba la misericordia de Dios que le permite ser restaurado.

Capítulo 6

La fe eleva: ¿Qué hay de diferente?

Del temor, agotamiento mental y agotamiento a la renovación, toma de decisión con calma y reposo

El simple peso de las responsabilidades, el tratar continuamente de arreglar lo que no puede ser arreglado y el enfocarse frenéticamente en detalles irritantes, añadidos a la falta de sueño, pueden activar a esos molestos químicos del estrés que agotan la estabilidad emocional y física. La mezcla es un brebaje para el agotamiento rotundo. Y sucede con cualquier padre, especialmente si hay más de un niño pequeño en la familia.

Piense en el consejo dado en Isaías 40:31. "Pero los que confían en él renovarán sus fuerzas; volarán como las águilas: correrán y no se fatigarán, caminarán y no se cansarán."

Cuando usted sale de las etapas de sobrevivir a la sorpresa inicial y de buscar respuestas desesperadamente, comenzará a experimentar una mayor medida de paz estable, nacida de la fe. Bueno, al menos más de la que tenía cuando su hijo fue diagnosticado inicialmente. Usted no estará tan agobiado por la cantidad de problemas, multitud de citas con doctores y pruebas familiares. Incluso el trabajo físico extra le parecerá más liviano, de alguna manera. Su compostura cuando está bajo presión ha mejorado en algún grado. Usted está adquiriendo serenidad tanto de la experiencia como de la gracia. Algo en usted ha cambiado y está haciendo la diferencia.

Su rutina diaria probablemente todavía no es todo lo que puede llegar a ser en cuanto al reposo, pero sus oraciones están cambiando, espero, de la desesperación a una mayor conciencia de la presencia gentil del Espíritu Santo. Los desafíos pueden no haber cambiado, pero ya empiezan a asomarse destellos de expectativa. Su historia interna ya puede tararear una melodía alegre. Usted está comenzando a identificar la disposición del Espíritu Santo a consolar, guiar y apoyar. Cuando se encuentra a sí mismo preguntándose qué sigue, el terror abrumador de lo que pueda estar delante ya no tiene el poder de usurparle el día entero, intentando controlar el pánico. Usted definitivamente está moviéndose hacia delante con mayor facilidad.

ADAPTACIÓN

Adaptación, la tercera etapa de la transformación, inicia cuando usted comienza a elegir sus batallas y a balancear las necesidades especiales de su hijo con los horarios y demandas de los demás integrantes de la familia. Sigue durante más tiempo y es mucho más pacífica que al inicio en las etapas de supervivencia y búsqueda. Es la parte práctica, experiencial de su viaje como padre. Al adaptarse, su búsqueda culmina con la aceptación de cómo son las cosas o, al menos, se hace un poco menos agresiva en la búsqueda de respuestas. Las respuestas emocionales son menos frenéticas que antes. ¡Qué alivio!

En esta etapa, su ritmo de vida es más estable, tal vez más lento. Usted se siente más resiliente y menos una víctima de las circunstancias. Usted recopila una red de recursos para recibir ayuda (al menos para la ronda actual de situaciones). Los triunfos no vienen simplemente con sobrevivir el día, porque ahora usted está empezando a tener un sentido renovado de confianza para saber cómo manejar los días por delante.

¿Recuerda cómo manejó Gedeón, ese héroe improbable del libro de Jueces, la dificultad continua? Al inicio se preguntaba en dónde habría estado este maravilloso Dios y si Él realmente lo amaba a él y a su pueblo. Él estaba convencido de que Dios los había abandonado. Él le insistía a Dios que se mostrara fuerte mientras daba un paso más, hasta que el Espíritu de Dios lo transformó en el hombre que leemos hoy. En las etapas de sobrevivir y búsqueda, Dios tiene que recordarle, y hasta ordenarle, a Gedeón que no tema y que tenga paz. El mandato de Dios no era una demanda exigente sino más bien uno que iba acompañado con la gracia que le permitió a Gedeón surgir valeroso, aunque por dentro todavía se sentía inseguro y temeroso. Al comenzar a instalarse en su nuevo rol con una comprensión más firme de su identidad, la vida se le hizo más confiable y hubo momentos en donde tuvo osadía dada por Dios y fe intrépida.

Al adentrarse Gedeón más en esta etapa de adaptación, tuvo la revelación de la presencia poderosa de Dios con él. El capítulo 6 de Jueces tiene el registro de su sacudida y sorpresa. "Cuando Gedeón se dio cuenta de que se trataba del ángel del Señor, exclamó: '¡Ay de mí, Señor y Dios! ¡He visto al ángel del Señor cara a cara!'" (v. 22) Gedeón pasó a sentir miedo a morir y de que le ordenaran a tener paz a darse cuenta de que no tendría que hacer esta tarea de parte del Señor el solo. Dios no le pedía que uniera su fe y sus fuerzas. En su lugar, su Padre celestial estaba ahí para trabajar la obra del Reino en y a través de Él. Él progresó todavía más cuando declaró su profunda revelación de que el Señor mismo es la paz (v. 24).

Vea cómo le fue a la familia de Matt en esta etapa cuando recurrieron a la creatividad para manejar su vida dentro de las limitaciones de la DMD.

Ser creativos

Parecía que todo iba muy bien, sin incidentes, cuando de repente, algo grande sucedía con la salud de Matt, o cuando la aseguradora decía que no se haría cargo de una de las facturas. Preciso o no, parecía que cada seis meses algo cambiaba.

Como familia hacíamos lo mejor que podíamos para aceptar las situaciones de buena gana y ser tan normales como podíamos ser, o tan normales como pueden ser para una familia con un niño con necesidades especiales. Íbamos a esquiar, Matt también. Hacíamos senderismo, sentándolo en un carruaje liviano para niños y empujándolo por el sendero cuando el camino era muy empinado o rocoso. Él nadaba como un pez, o más bien flotaba como una boya, pero cuando estaba en el agua sí podía mover sus brazos y piernas y se sentía libre. Estos tiempos eran maravillosos y llenos de paz.

Recuerdo una vez que fuimos a los lagos Mammoth para pasar ahí unos días. El lugar tenía una mesa de ping pong y Matt quería jugar. Él tenía una mesa en casa, así es que le habíamos diseñado un sombrero con una máscara enfrente para que pudiera darle a la bola con la máscara y con la raqueta. Otra vez encontramos cómo jugar al tenis. Ya que Matt no tenía fuerzas en la parte superior de su cuerpo, pusimos la raqueta en su silla, para que pudiera mover la silla y darle a la pelota.

Matt amaba los deportes. En la secundaria se le requería que tomara clases de educación física. Aunque no podía jugar, el entrenador de fútbol americano lo dejaba estar en el equipo y en la cancha durante los partidos. Esta disposición cumplió con el requisito para poder graduarse. Incluso fue el editor principal del periódico de su secundaria y escribía un artículo semanal.

Matt no se veía a sí mismo como discapacitado y solo quería ser tratado como todos los demás. Él iba al cine con frecuencia y disfrutaba mucho comer fuera. Pasear por el centro comercial y admirar a las chicas estaban entre sus actividades favoritas.

Es común sentirse débil y carente de preparación al inicio. ¡Nada nuevo para todos los papás! Las buenas noticias son lo que viene a continuación: ideas creativas. Los Brown eran una familia que estaba muy atenta a su búsqueda de expresiones creativas para la vida de Matt, sin importar qué dificultad pudiera enfrentar. No soltaron su fe en que Dios mismo estaba proporcionándoles la paz interna y perdurable que sobrepasa todo entendimiento.

PAZ ESTABLECIDA CON FE RECIÉN DESCUBIERTA

¿Aprendió usted a conducir un vehículo de cambios manuales? Al principio se necesita de una concentración total. Movimientos abruptos, engranajes que chirrían. Se apaga el carro. Piloto y pasajeros exasperados. Pero después de la prueba y error, encuentra su camino. Ya puede hacer los cambios fácilmente de una velocidad a la otra. Usted y sus pasajeros ya casi ni se dan cuenta de los movimientos.

Dios ha trabajado y continuará trabajando esa facilidad de cambios en usted. A menudo es inexplicable, un enigma, un misterio. Al practicar usted cambiar sus preocupaciones para dárselas a Él, usted descubre que hay más capacidad para Su presencia y confianza en Su habilidad a favor de su familia. Sus dones pueden mostrarse en momentos sorprendentes. Incrementará su habilidad para manejar más. Ya no será tan agotador como antes para su cuerpo o su alma. Su fe lo levantará. Usted será levantado más y más alto. Esa paz establecida lo levantará por encima del dosel de nubes. Habrá un cambio atmosférico. Su cuidado amoroso y su guía misericordiosa harán la diferencia.

Hace algunos años, Hollywood tenía una película titulada *Siempre queda el amor**. Tan solo leer el nombre ya eleva las expectativas y produce un efecto esperanzador y tranquilizador en su alma, ¿no le parece? Fe es la certeza de lo que se espera, dice Hebreos 11:1. Tal vez usted no haya logrado atravesar ese dosel de nubes todavía, pero ya está cerca y usted lo sabe. ¿No ama esa palabra *todavía*? Usted sabe que la vida nunca será la misma y sin embargo usted ha descubierto razones para sonreír y hasta para tener extravagantes estallidos de gozo. La esperanza está comenzando a "flotar" para usted.

¿De dónde vino esta nueva sensación de esperanza? ¿Y la fe? ¿Sí es fe, o no? Si es fe, ¿fe en qué? ¿Si no es fe, qué más podría ser?

La fe no es una conciencia abstracta, etérea y mística. Tiene una sustancia sólida e inherente al poder de la metamorfosis cuando su fuente es el Creador del universo. La fe que resulta en una vida poderosa de "guerrero valiente" es la fe que se centra en un Dios poderoso, en la persona de Jesucristo.

La fe es una invitación a la mente renovada. En contraste con las reacciones frenéticas, el obrar progresivo de la fe en su alma le permitirá procesar la información más fácilmente. Ya no tendrá que apoyarse solo en lo que usted entiende, sino que podrá reconocer que el amor y fidelidad de Dios nunca lo dejan. Dele tiempo.

Cuando se da cuenta de que la fe ya reside en su espíritu, a pesar de las diferentes necesidades a las que usted y su familia se enfrentan, usted estará capacitado para decidir reconocerlo en todos Sus caminos (Proverbios 3:6). Es una realidad que le permite quitar su vista de su

---

* N. de la T.: En inglés *Hope Floats* o el amor flota.

debilidad personal y la de su hijo y contemplar sin reservas la habilidad de Dios para abrir un camino en donde no había forma de suplir sus necesidades. La fe eleva. La esperanza le da resistencia y confianza.

"Fe, ¿por qué estás ahí?", se preguntará usted. "Soy la evidencia de lo que todavía no puedes ver", le susurrará por respuesta la fe.

¿Tiene sentido? ¿Acaso debe hacerlo? Hoy no. Es suficiente saber que la fe está presente, colaborando con la esperanza y llevándolo firmemente hacia el afloramiento. Usted verá su evidencia cuando comience a escucharse a sí mismo expresar una reacción más sosegada al entorno. La sabiduría, paz y sentido de estabilidad que sentirá a veces serán sorprendentes. Véase al espejo y pregúntese, "¿De dónde vino eso?" Está sucediendo. ¡Usted está convirtiéndose en alguien sobrenaturalmente natural!

***

Fe

La fe hace que el panorama luzca calmo,
la mirada hacia arriba, constante,
la mirada interna, certera.

¡La fe hace del ayer un trampolín,
del hoy una posibilidad ilimitada,
y del mañana un regalo de gozo!

***

MANEJAR EL ESTRÉS

Un niño saludable, de dos años y con piernas fuertes puede ser peligroso. El pequeñín de Gail era más ágil que un puma. El segundo en que veía una puerta abierta así, medio vestido, salía corriendo frente a su mamá y corría hacia la calle lo más rápido que sus piernitas lo llevaban antes de que lo pescara Gail. Ella debía dejar todo lo que estaba haciendo y zumbar ágilmente por la puerta persiguiendo a su corazoncito fugado.

Una mañana, con nueve meses de embarazo de su segundo hijo, Gail salió a traer el periódico. Su hijito vio un momento oportuno y puso en práctica su maniobra escurridiza, pasando por la puerta entreabierta. Ella no estaba vestida más que con su bata vieja que no la cubría totalmente ahora con su protuberante parte de en medio. Sin tiempo para pensar, agarró ambos lados de la bata y salió corriendo descalza por la acera. Sin aliento y furiosa para cuando al fin lo alcanzó, lo agarró por el brazo, lo levantó y lo llevó a casa.

Sus pensamientos pueden correr igual de rápido. Las insistentes demandas prácticas diarias de la vida pueden "abrir por estrés" la puerta para que su mente corra tan rápido como puede hacia los pensamientos negativos y debilitantes. Sucede. Pero no tema. No ha perdido su fe. Persiga sus pensamientos como lo hizo Gail con su hijo. Regréselos a donde pertenecen: a la seguridad y protección de su hogar en donde la esperanza, su fe creciente y el amor pueden supervisar, guardar y disciplinar sus caminos.

Caroline Leaf, una científica del cerebro y autora de *¿Quién me desconectó el cerebro?* Dice, "El estrés es el resultado directo de pensamientos tóxicos... Cuando usted se encuentra bajo estrés extremo, los químicos inundan su cuerpo y crean efectos físicos causados por sentimientos intensos. Cuando esos sentimientos son, por ejemplo, enojo, temor, ansiedad o amargura, los efectos en su salud no serán nada más que horrendos a largo plazo". También dice, "Aunque usted tal vez no pueda controlar su entorno todo el tiempo, sí puede controlar cómo le afecta al cerebro". El texto que subió a la red la doctora Leaf el 3 de mayo de 2014 (http://drleaf.com/blog/positive-versus-negative-stress/) dice, "¡El estrés es el sistema de respaldo del cuerpo que está diseñado para ayudarnos a que nos enfoquemos, soportemos y nos regocijemos a pesar de las circunstancias! Sin embargo, las reacciones incorrectas convierten el estrés de un sistema de 'respaldo' en un sistema de 'ruptura'". Leaf asegura a sus lectores que pueden liberarse del pensamiento tóxico. "Al ser eliminados los pensamientos tóxicos, serán reemplazados con el fundamento para la salud y la paz."

Sus pensamientos pueden deshacerse de los químicos dañinos del estrés, haciendo que usted sea más ingenioso y calmado, aplacando cualquier emoción dañina o bien, pueden hacer justo lo opuesto. Si no es hoy, llegará el día en que usted pueda ponerse de acuerdo con la fe y la esperanza. ¡Su pensamiento estará habilitado para elegir! Leaf afirma implícitamente que bañarse de entornos positivos permite que su intelecto florezca y con ello, su estado mental y físico. Su día viene.

ESCALADA

Usted está comenzando a descubrir los beneficios de lanzar todo su peso a la fidelidad de su Padre celestial. Tal vez ahora es buen momento para que actúe la fe. ¿Qué es un acto de fe? Es cuando usted hace algo para ilustrar lo que cree, sin importar qué tan marchita se sienta su alma. Le doy un ejemplo. Tal vez usted vaya a la cama y con todo su cuerpo se derrite en el colchón durante unos minutos al susurrarle sus pensamientos a su Padre celestial, poniendo en Él todas sus preocupaciones.

La escalada es una actividad en la que las personas escalan, hacia arriba, hacia abajo u horizontalmente en formaciones de roca natural. El objetivo es llegar a la cima de la formación o al punto final de cierta ruta predefinida. Los escaladores tienen equipo y estrategias que les permiten escalar las alturas, muy parecido a los escaladores de hielo que mencioné antes. Pero ellos también necesitan descansar.

Dios puede crear una cabaña en un risco para su alma, parecida a las que usan los escaladores de roca en sus viajes extremos. Imagine una de esas carpas triangulares de montañismo que pende de una saliente en una montaña o de un árbol y en donde el agotado escalador puede descansar durante la noche. Usted también puede descansar en una de esas, anclado a la cara de la montaña por su Padre celestial. ¡Eso sí que sería una nueva aventura!

El equipo de escalada de la fe no se gana por sus propios esfuerzos. Se lo dan cuando usted confía. Incluye una soga espiritual para escalar, cuerda, cinchas, arnés, implementos para rápel, mosquetones, cabestrillos, implementos protectores, equipo de entrenamiento, ropa especializada, extensores y carabinas que necesitará para la escalada. Incluye todo, hasta los artículos más pequeños como cintas y bolso de expedición—todo el equipo de la fe.

Las buenas escaladas requieren de fe y del equipo de la fe. La misericordia de Dios le concede favor inmerecido mientras que Su gracia le da Su poder redentor. A veces las provisiones de Dios vienen directamente a usted, otras veces vienen de Él a través de un amigo o familiar que se para en la brecha por usted asistiéndolo, interesándose, con fe o en oración.

Con todas esas provisiones dadas por Dios, usted puede subir a las alturas. Usted puede descansar en una cabaña en el risco. La vista desde la cima bien vale la pena la escalada.

El apóstol Pablo comprende el misterio de la fe y lo que es un misterio. Él escribe una exhortación cargada de oración al pueblo en Efesios 3:14-21*.

> Mi respuesta es ponerme de rodillas delante del Padre, este magnífico Padre que divide el cielo y la tierra. Le pido que los fortalezca por su Espíritu—no en fuerza bruta sino con una fuerza interna gloriosa—que Cristo viva en ustedes al abrirle ustedes la puerta e invitarlo a entrar. Y le pido que con ambos pies firmemente plantados en el amor, ustedes puedan asimilar junto con todos los seguidores de Jesús, las dimensiones extravagantes del amor de Cristo. ¡Extiéndanse y experimenten su amplitud! ¡Comprueben su profundidad! ¡Sondeen las profundidades! ¡Surjan a las alturas! Vivan vidas plenas, plenas en la plenitud de Dios.

El descanso es importante para una escalada exitosa. Puede ser un ascenso largo en donde se requiera de gran resistencia. El descanso frecuente se hace fundamental para el trayecto. La mayoría de las personas saben que pueden ocurrir accidentes o malas decisiones si se cansan demasiado. Cuando se está agotado, ¿quién no querría regresar de manera segura al campamento base?

---

* N. de la T.: Traducción libre de la versión *The Message* en inglés.

Usted es un montañista de la fe, un escalador de riscos rocosos. Su rutina diaria puede ser exigente en lo físico y mental, como con los escaladores. Son probados la fuerza, resistencia, agilidad y el balance, junto con el control mental. Inspírese en la disposición de Sandra de ir más allá de lo que cualquiera esperaría y en su paciencia en el viaje.

La escalada de Sandra

Luego de haber criado exitosamente a cuatro chicos (mi medida del éxito es que ninguno fue arrestado ni terminó en la cárcel), nos enfrentábamos al nido vacío. Ya que no podía tener más hijos, decidimos adoptar. Descubrimos, sin embargo, que el único tipo de niño para el que calificábamos era para un niño con discapacidad. Qué ironía esperar y orar durante cuatro embarazos para tener un "bebé normal y saludable" para luego encontrarnos sosteniendo pláticas profundas acerca del tipo de discapacidad para la que nos sentíamos "calificados".

Luego de varios años de esfuerzos, desilusiones, frustración y lágrimas, una familia cristiana de acogida (que se convertirían en amigos para toda la vida) nos entregó a una pequeñita. La bebita había sido declarada "médicamente sana" por un pediatra reconocido, pero debido a que no hacía lo que un bebé de tres meses normal hacía, fue clasificada como una niña "en riesgo". Veinticuatro horas después de llevarla a casa, el pediatra de nuestro pequeño pueblo diagnosticó un "síntoma probable" y nos refirió con un genetista que luego confirmó el diagnóstico de Síndrome de Alcoholismo Fetal. Era una de las discapacidades que pensamos que NO podríamos manejar. (¡Dios obra de formas misteriosas!)

Se habían afectado el área cognitiva y de desarrollo de nuestra bebé. Los años siguientes estuvieron llenos de luchas, oraciones, citas divinas, conexiones, pruebas y triunfos. Dios estiró nuestra fe de maneras que no podíamos haber imaginado y Él se hizo presente en milagros, tanto grandes como pequeños. Un ejemplo fue cuando un grupo de chicas de la iglesia local adoptaron a nuestra hija como su "bebé de oración". Su fe de niñas y sus oraciones fueron respondidas al ver que una bebita que no se esperara que pudiera caminar, o hablar, diera sus primeros pasos a los dos años y comenzara a usar lenguaje de señas a los cuatro años.

Dios hizo arreglos para que tuviéramos relación con investigadores pioneros, terapeutas avanzados en su trabajo con niños, y con personas que se nos unieron para crear programas piloto y ayudar a aprobar nuevas leyes para programas desde el nacimiento hasta los tres años. Hoy nuestra hija tiene 26 años y es una joven mujer que ama la meteorología y las computadoras.

Dios eventualmente añadió a dos niños más con necesidades especiales a nuestra familia. Cada desafío que enfrentamos fue una oportunidad para que Dios nos guiara, enseñara, orientara y bendijera.

El montañismo puede ser peligroso. El conocimiento de técnicas de escalada y el uso de equipo especializado de montañismo son cruciales para poder completar las rutas de forma segura. Sus desafíos no son distintos a la búsqueda de los padres amorosos como usted que sirven a niños con necesidades especiales. Usted comienza su escalada de fe como padre de un niño con necesidades especiales con poco o ningún conocimiento o habilidades que lo equipen. Gradualmente llega a tener dominio del equipo requerido para ayudarlo a usted y a su hijo. ¿Qué servicios locales hay disponibles? ¿En quién puede confiar? ¿Cómo puede balancear el trabajo arduo con tiempos silenciosos de reposo? Con las preguntas respondidas (al menos en parte, por ahora) y el equipo a mano, inicia su escalada.

Nunca olvide, al ascender, que Jesús envió al Espíritu Santo para estar con usted. Él es el que levanta su cabeza. Salmos 3:3 declara, "Pero tú, Señor, me rodeas cual escudo; tú eres mi gloria; ¡tú mantienes en alto mi cabeza!" Suba con él y al final de cada día, acurrúquese con Él en su cabaña en el risco, su lugar de reposo. "Depositen en él toda ansiedad [preocupaciones, angustias, preocupaciones de una vez y por todas], porque él cuida afectuosamente de ustedes atentamente'"* (1 Pedro 5:7). Ponga enérgicamente todas sus preocupaciones a Él. Confíe en Él.

***

Montañista de la fe

No es mi intención quejarme, pero es una montaña rocosa en terreno difícil.
Cara escarpada, rocas afiladas.
¿Cómo se supone que llegue a la cima?
Solo escale. Un paso a la vez.

***

Moisés era un montañista. Él siguió a Dios a la cima de la montaña. "El Señor descendió a la cumbre del Monte Sinaí, y desde allí llamó a Moisés para que subiera. Cuando Moisés llegó a la cumbre." (Éxodo 19:20). "El Señor le dijo a Moisés: 'Sube a encontrarte conmigo en el monte, y quédate allí. Voy a darte las tablas con la ley y los mandamientos que he escrito para guiarlos en la vida'." (Éxodo 24:12).

Cuando descendió de la cumbre, el rostro de Moisés brillaba con la gloria de Dios, revelando en dónde había estado y quién hablaba con él (Éxodo 34:29; 2 Corintios 3:7). El rostro de Moisés resplandecía porque había subido la montaña y pasado tiempo con Dios. Su rostro reflejaba la presencia de Dios y el poder transformador.

Al confiar en Dios por la fe requerida para escalar, su vida contará su propia historia de marcada por el poder de Dios. Luego, como Moisés, cuando otros lo vean, a usted que es obra de Él, su rostro les llevará valentía esos papás que se sienten débiles y frágiles, a esos cuyas esperanzas se han ido agotando.

---

* N. de la T.: Traducción libre de la versión Amplificada en inglés.

A diferencia de Moisés, su resplandor no durará poco. Jesús es su Salvador, su Señor y amigo. Él es Padre Dios glorioso en resplandor y la imagen expresa de Su persona. Él lo sostiene todo por la palabra de Su poder. Él mismo lo ha purgado de pecados. Él se sentó a la diestra de la Majestad en lo alto. Él le ha dado fe como fruto del Espíritu Santo. Su resplandor, su brillo, refleja Su gloria en ese ascenso de fe (Hebreos 1:3).

La vista desde la altura de la Fe le revela a su corazón el brillo del amor, como el sol que reluce sobre el oro (2 Corintios 4:6).

¡Prepárese! Dios está con usted.

EL ANTÍDOTO DE LA FE

La fe, aunque se sienta como que se escurre entre los dedos de vez en cuando, en realidad no disminuye ni se pierde; en su lugar, le toma la palabra a Dios y deja que el tiempo haga lo suyo. Es el antídoto para el estrés—no solo para manejarlo, sino para rescatarlo a usted de sus efectos asfixiantes y tóxicos. La fe desintoxica su cerebro, dejándolo libre para experimentar un lugar de paz y reposo.

¿Le parece imposible? Está bien. De nuevo, no se trata de que usted trabaje duro para permanecer en la fe. La fe es la que trabaja por usted.

Usted está creciendo. La fe lo eleva. La fe está transformando su forma de pensar y, con ello, su sabiduría. Las aplicaciones creativas están evolucionando. Se está haciendo más claro porqué la Biblia habla de la fe con tal sentido de urgencia. "Tenga fe en Dios" (Marcos 11:22; Hechos 20:21; 27:25; Romanos 5:1; 1 Pedro 1:21). Es la invitación de Dios para un incremento considerable. Las palabras del apóstol Pablo harían eco a las de Cristo: "Y ahora, amados hermanos, una cosa más para terminar. Concéntrense en todo lo que es verdadero, todo lo honorable, todo lo justo, todo lo puro, todo lo bello y todo lo admirable. Piensen en cosas excelentes y dignas de alabanza" (Filipenses 4:8, NTV).

El Espíritu Santo lo capacitará para que concentre sus pensamientos en esas "cosas" a las que Pablo hace referencia en

Filipenses 4:8. Usted literalmente se estará "poniendo la mente de Cristo" y "revistiéndose del Señor Jesucristo" al permitir "que gobierne en su corazón la paz de Cristo" (Romanos 13:14; Colosenses 3:15).

***

Cuéntame otra vez, Señor, por favor

Cuéntame otra vez, Señor, qué es lo que harás.
Cuéntame otra vez, Señor, cómo amarte.
Cuéntame otra vez, Señor, acerca de la vida glorificada.
Cuéntame otra vez, Señor, acerca del dar compasivo.
Recuérdame qué significa tener fe.
Anima mi corazón mientras espero.

***

Usted pertenece a una familia amorosa y eterna. Usted está entre Sus elegidos. Él se deleita en usted. Y sí, usted está en medio del proceso. Usted está en transición, aprendiendo y transformándose. Su fe madura al procesar cada nuevo desafío. Surge junto a su nivel de destreza y sabiduría parental.

Cuando se va a dormir al final de un largo día, ¿en qué momento comienza el descanso verdadero? ¿Cuándo sus piernas cuelgan sobre el lado de la cama? ¿Cuándo se sienta con la espada recostada contra la pared o la cabecera de la cama? ¿Cuándo se duerme en esa posición medio sentada, para estar listo al instante para la siguiente crisis, pero que no es buen descanso? El verdadero reposo se lleva a cabo en su cama, cuando puede descansar todo su peso en ella.

ORE

Padre Dios, yo creo; ayúdame en mi incredulidad. Ayúdame a entender que la fe ya me ha sido dada. Que cuando no siento fe, yo elijo creer Tus palabras que claramente afirman que Tú me has dado fe como un depósito de Tu gracia. Yo tal vez no pueda ver plenamente cómo saldré adelante, pero sí creo que Tú me has llamado a subir esa montaña. Yo elijo subir por fe. Yo elijo creer que puedo confiar en ti en todo el camino, hasta la cima. Yo elijo creer que Tú me darás las destrezas para confiar en las herramientas, un paso a la vez, al ascender. Un día me volveré a sentir seguro. Tú estarás conmigo y mi vida revelará Tu gloria. Por Jesús y el misericordioso regalo del Espíritu Santo, estoy ganando la paz que sobrepasa todo entendimiento. Gracias por impedir que caiga.

REFLEXIONE

1. ¿Qué experimentó que puede ser un consuelo o ayuda práctica para otros padres que todavía no han visto el extravagante paisaje desde la cima?

2. ¿Cuál de las soluciones del pensamiento podría ser una buena decisión practicar hoy: la verdad, lo honorable, lo justo, lo puro, lo bello o lo admirable?

Capítulo 7

Sentido de elefante: ¿Hacia dónde miro?

De estar agotado, impávido y apático a nutrido, anclado y renovado

Usted tiene el cerebro y el deseo de trabajar con el problema, pero a veces las piezas no parecen conectarse para tener una imagen completa. Tal vez ha hecho todas las preguntas que se le han ocurrido hacer. Ha buscado e investigado, pero las preguntas persisten. Las respuestas superficiales no son tan profundas como usted necesita. ¿A dónde acudir?

Cuando Gail llegó a este lugar, ella dijo que físicamente sintió un espacio vacío que crecía dentro de ella. "Me sentía seca y como que algo moría por dentro." Ella no podía determinar exactamente cuál era el problema. Sus amigos bien intencionados y cariñosos le ofrecían ir a cenar, pero el tiempo de distracción con ellos no le atraía. "No quería ser descortés. Simplemente no me interesaba. Yo estaba en una sequía emocional. Algo había drenado hasta la última onza de mi deseo de interacción en las relaciones. Era como tener sed pero no estar segura de dónde encontrar agua refrescante, cristalina, fría."

Esté confiado, hay agua más adelante para usted. Y así como este tiempo es real ahora mismo, igual llegará el tiempo en el que usted entrará a un lugar saludable, restaurador y transformador. Cualquier "lugar vacío" en el que se encuentre es parte de su viaje. Usted se mueve hacia adelante. Esté seguro de que el agua está en camino.

Proverbios 25:25 dice, "Como el agua fresca a la garganta reseca son las buenas noticias desde lejanas tierras". Gálatas 6:9 dice, "No nos cansemos de hacer el bien, porque a su debido tiempo cosecharemos si no nos damos por vencidos".

PALABRAS QUE SANAN

¿Alguna vez tuvo esa experiencia incómoda en la que usted no tenía idea de cómo acercársele a alguien que había sufrido terriblemente o que estaba todavía sufriendo por una pérdida trágica? Así es como estaban Christen y Jeffrey cuando conocieron por primera vez a Jack y Kayle.

Jack y Kayle fueron invitados a asistir a un almuerzo para padres de niños con necesidades especiales. Ellos lo pensaron y aceptaron, no porque cumplieran con ese criterio, sino porque ellos también se habían enfrentado a un cambio drástico de circunstancias por la tragedia que había impactado sus vidas para siempre. Su hijo había sido una víctima y después murió. Había hecho que ellos también sintieran como que los habían sepultado vivos.

Parecía que Jack había salido a flote antes que Kayle. Ella continuó estando en un estado interno de extrema sequía. Le tomó años poder hablar del tema y aun entonces, apenas. El grupo podía ser otro paso hacia adelante para ambos.

Jack y Kayle se presentaron al grupo. Comenzaron a compartir suave y calmadamente una parte de su historia personal. Al salir los detalles, todos los padres parecían estar aguantando la respiración. ¡Estaban tan estupefactos que no podían hablar!

¿Cómo podía alguien recuperarse luego de sufrir ese tipo de tragedia? Nadie tenía una respuesta, no que se hubiera atrevido alguien a pronunciarla aun si hubieran tenido un pensamiento de consuelo o consejo práctico que darle a esta pareja, por respeto a su dolorosísima pérdida. Solo Dios puede darle vida nuevamente a almas que han sido tan arrasadas. Su vida de resurrección todopoderosa, llena de misericordia, y milagrosa era su única esperanza.

Inmediatamente después de que Jack y Kayle compartieron sus batallas tan profundas, entraron los meseros al salón a servir el postre. No hubo pláticas amistosas ni comentarios. En su lugar, se podía oír a un hombre en una mesa contar suavemente su historia, con lágrimas corriéndole por el rostro. Dos mujeres en otra mesa tenían las cabezas inclinadas y estaban tomadas de las manos. Los meseros se movieron lenta y sigilosamente entre los comensales, susurrando las opciones mientras los demás permanecían sentados, en silencio.

Christen se acercó vacilante a Kayle. "Estoy tan impactada de que pudieras compartir esto con nosotros hoy."

"Por mucho tiempo no pude hacerlo", le respondió Kayle. "Yo no era más que un cascarón vacío. Había perdido mi rumbo por completo. No solo no sabía a dónde acudir, sino que ya no quería ni siquiera buscar respuestas. Después de un tiempo, cuando llegaban a visitarme a mostrar su amor y a tratar de animarme, yo solo me sentaba y escuchaba pacientemente. Pero era como que la nada se fusionaba con la nada. En blanco, vacía. Nada de amor ni ninguna voz de aliento penetraban."

Aunque tanto Jack como Kayle eran devotos seguidores de Jesús antes de sufrir por esa terrible tragedia, no había ninguna escritura ni promesa bíblica que pudiera hacer la diferencia en ellos. La vida como la conocían había terminado. Se sentían muertos por dentro.

"Luego, un día llegó un amigo a visitar", prosiguió Kayle. "Yo me senté obedientemente a escuchar, tal como lo había hecho siempre, fingiendo que era una persona que podía oír y recibir. En algún punto, en la mezcla de palabras, la persona citó un pasaje de la escritura del libro de Job. 'Si a un árbol se le derriba, queda al menos la esperanza de que retoñe y de que no se marchiten sus renuevos. Tal vez sus raíces envejezcan en la tierra y su tronco muera en su terreno, pero al sentir* el agua, florecerá; echará ramas como árbol recién plantado. El hombre, en cambio, muere y pierde su fuerza; exhala el último suspiro, y deja de existir'." (Job 14:7-10).

"Desde ese momento en adelante empecé a sanar. No fue al sentir el agua, sino al escuchar acerca de sentir el agua de la Palabra de Dios que la vida comenzó a formar un pequeño retoño adentro del tronco muerto de un árbol."

---

* Sentir: en la versión en inglés, oler (*scent*).

Al hablar Kayle, Christen sintió que estaba en tierra santa. Ella después buscó en su Biblia y leyó la Escritura. ¿Por qué sería que, de todas las maravillosas promesas en la Biblia, fuera este versículo tan raro el que le hablara tan gloriosamente al ser interior de Kayle? ¿Por qué provocó que la resurrección de la vida la activara en el camino hacia la restauración de ella y su esposo? Para Christen no tenía sentido. Era un misterio.

A veces, misterio. A veces, no. A veces no hay palabras que otros digan que puedan ayudar. Solo Él sabe cómo traer resurrección, restauración y sanidad. Lo que Él usa, con frecuencia, es un rotundo enigma.

ENIGMAS

Recuerde el lamento de Gedeón. Él no podía creer que Dios había llegado al rescate. Y, aunque hubiera llegado, Gedeón estaba segurísimo que Dios no podría usarlo para protegerlo y a su familia del inminente peligro.

Job cuenta su historia personal de restauración después de las devastadoras pérdidas familiares. En Job 10:12 dice, "Me diste vida, me favoreciste con tu amor, y tus cuidados me han infundido aliento". La versión Reina Valera 1960 lo dice así, "Vida y misericordia me concediste, y tu cuidado guardó mi espíritu". En ambas versiones podemos ver que después de haber perdido absolutamente todo, más allá de toda duda, Job sabía que solo Dios podía haber rescatado su espíritu para tener vida otra vez.

La historia de Ezequías, otro líder de la Biblia, resonó con el mismo tono. En Isaías 38:6 él se maravilló del poder de Dios para dar vida a partir de aplastantes desafíos. "Señor, por tales cosas viven los hombres, y también mi espíritu encuentra vida en ellas. Tú me devolviste la salud y me diste vida."

La comprensión plena de cómo es que Dios hace operar Sus milagros de restauración seguirá siendo un misterio. El hecho es que Él sí trae esperanza para el hoy. Juan 6:63 da un indicio de esa verdad en el discurso de Jesús a sus discípulos que estaban molestos cuando

Él les explica, "El Espíritu da vida; la carne no vale para nada. Las palabras que les he hablado son espíritu y son vida".

Sin importar cuál es la manera sorprendente con la que Dios interviene, cuando Su Espíritu inicia la intervención, trae consigo la vida. Podemos acudir al Espíritu de Dios, al Consolador, para recibir provisión sobrenatural cuando nada, absolutamente nada, produce gozo del lamento, esperanza del dolor, gracia de la desesperación, descanso del agotamiento extremo, y paz para el alma exhausta. Ya sea que Él envíe un sueño, un recuerdo, una visita angelical, una voz por acá o un toque por allá o el sonido del viento o el sentir del agua, la ayuda está en camino. Puede aparecer de maneras sorprendentes.

Él proveerá una habilidad sobrenatural de sentir Su presencia al esperar en Él y al continuar con sus ojos puestos en Él. Dele tiempo. Él conoce sus necesidades.

La consejera Angela Timmons es una apasionada del estudio de las ciencias conductuales de los elefantes. Ella comparte sus pensamientos acerca de la correlación de nuestra vida y la de los elefantes en esta historia.

Codificado para la vida por el Creador Maestro

Parecía que Mamá había quedado separada de la manada. ¿Estaría enferma? ¿Se habría lastimado? Las ruedas de la casa rodante hicieron tracción con la superficie dispareja del camino de advertencia y la vagoneta se sacudió y rechinó al moverse cuidadosa y silenciosamente cerca de este espécimen de dimensiones gigantescas. Con las cámaras y binoculares listos, pensábamos en las razones por las que ella estaba tan atrás de la manada. Al fin fue evidente. Ahí, con movimientos trepidantes pero llenos de gracia, estaba un recién nacido. El guía de la excursión, tan conocedor y experto, calculó que la cría había nacido hacía unas veinticuatro horas.

La cría torpe e inestable ya estaba aprendiendo cómo negociar con el terreno. Era frágil y sus movimientos, inseguros. Mamá, la protectora, era muy metódica y majestuosa en su instinto por monitorear al pequeño bebé. Ella estaba muy pendiente de los depredadores, aunque animaba con la trompa al bebé; le mostraba, guiaba, esperaba y señalaba con el lenguaje de elefantes, algo que no solo los suyos entendían, sino también todos los que lo presenciábamos. Al parecer era demasiado para que lo entendiera el pequeñín. Pero, instintivamente, Mamá le transfería a este recién nacido la sabiduría que necesitaría un día para sustentar, defender, proteger y sobrevivir por su cuenta—para ser tan majestuoso y capaz como mamá.

Los elefantes son fascinantes de estudiar. Son increíblemente instintivos, inteligentes y ferozmente protectores. Estos enormes mamíferos terrestres tienen rasgos excepcionales y maravillosamente interesantes. Ya sean asiáticos o africanos, estas criaturas exhiben un sistema familiar que la inteligencia avanzada está obligada a replicar. Tienen sistemas sociales altamente desarrollados. Los pliegues complejos en su cerebro permiten que estos, los más grandes mamíferos herbívoros de tierra firme, experimenten emociones y conciencia social. Sienten compasión por los débiles, reflejan pesar por la pérdida de sus compañeros y muestran gran cuidado e interés por otros de su especie. Su avanzado entendimiento les da, por el uso de sus sentidos, una mayor habilidad de navegar lo social y emocional. También les da la habilidad de adquirir alimentos que los sustente y agua para su supervivencia diaria.

Como con el elefante, la grandeza de nuestro Creador Maestro ha codificado en nuestro ADN una estructura o proceso modelo para la vida que incluye los instintos familiares. Con el Espíritu Santo, tenemos la habilidad de ser más efectivos en nuestros desafíos diarios. Tenemos la habilidad de sentir aquello que nos sustentará y nos hará sobrevivir. Nuestra codificación, al estar conectada a la fuente de poder nutricional mayor que nosotros mismos, nos da la protección e instintos para sortear los caminos polvorientos, irregulares y disparejos de la vida. También tenemos el privilegio de que nos han sido dados sentidos y habilidades especiales, que nos permiten descubrir el "agua viva".

Cada uno, como el elefante que protegía y proveía para su cría, tiene el instinto espiritual de proteger, defender y nutrir. Dios da lo que necesitamos para sobrevivir a través de la Biblia, nos da el agua viva que da vida, que nos sustenta y que es terapéutica porque nos sana, restaura, reconstruye y renueva a lo largo del viaje de la vida.

ELEFANTES Y EL AROMA DEL AGUA

Los olores y sonidos pueden tener un propósito dador de vida, trascendental. Lo que parece imposible o insignificante puede convertirse en una respuesta. Aprender cómo Dios ha equipado Dios a Sus criaturas para que sobrevivan inspira una fuerza renovada que permite confiar en que Él tiene provisión para usted, también.

Un elefante necesita agua en cantidades navegables. Puede consumir 40-60 galones de agua al día. ¿Cómo puede esperarse que este animal sobreviva en un lugar en donde las temporadas secas y la sequía son los más comunes? Sin embargo, sobrevive.

La respuesta se encuentra en el diseño divino. Los elefantes están bien equipados para sobrevivir por su maravillosa habilidad de encontrar agua. En tiempos de sequía, ellos saben que deben migrar. Si la sequía es severa, migran lejos a otras áreas en donde saben que hay agua en abundancia. También saben excavar en lechos secos de ríos u otros lugares para descubrir agua que no está visible en la superficie. Usan sus patas, trompas y colmillos para golpear el suelo y excavar hasta que aparece una cantidad adecuada de agua. El entretenido espectáculo de los elefantes rodeando, pisoteando y excavando juntos ha sido descrito como su danza del agua.

La habilidad de los elefantes de percibir el aroma del agua les salva la vida. Dios les ha dado habilidades únicas para buscar agua y migrar a áreas húmedas en donde están seguros para disfrutar de agua de vida sin la que no pueden vivir. Algunos informes indican que el sentido del olfato de los elefantes es tan agudo que les permite localizar agua dadora de vida a distancias de doce millas o más. Mecen sus trompas al aire, reuniendo partículas de aroma que les da, no solo el aroma del agua, sino la distancia y dirección en que deben ir a buscarla. Sus trompas detectan peligros potenciales, les ayudan a decidir entre los cuerpos de agua cuando perciben el aroma de más de una fuente posible.

Sus habilidades suenan similares a las que el rey David mencionó para sobrevivir y buscar la ayuda de Dios en Salmos 63:1-8.

"Dios mío, tú eres mi Dios. Con ansias te busco desde que amanece, como quien busca una fuente en el más ardiente desierto. ¡Quiero verte en tu santuario, y contemplar tu poder y tu grandeza! Más que vivir, prefiero que me ames. Te alabaré con mis labios. ¡Mientras viva te alabaré! ¡Alzaré mis manos para alabarte! ¡Con mis labios te alabaré y daré gritos de alegría! ¡Eso me dejará más satisfecho que la comida más deliciosa! Me acuesto y me acuerdo de ti; durante toda la noche estás en mi pensamiento. ¡Tú eres quien me ayuda! ¡Soy feliz bajo tu protección! ¡A ti me entrego por completo, porque tu gran poder es mi apoyo!"

En una entrevista con Denette y su hermana, Carole, Denette dijo de su hijo con degeneración muscular, "Bill es un ejemplo vivo para mí cada día. A menudo él es más tolerante y resiliente, mientras que yo me doy cuenta de que me frustro a veces".

"Estoy de acuerdo", añadió Carole. "Los niños no parecen llevar consigo el equipaje espiritual que nosotros los adultos llevamos por nuestras experiencias."

"Tan cierto...", dijo Denette. "Bill generalmente es tolerante y resiliente, aunque han habido veces en las que se ha rehusado a moverse de lo que él quería."

Las cuatro etapas por las que pasan los papás de niños con necesidades especiales, según Nancy Miller –*sobrevivir, buscar, adaptar* y *separar*– no son lineales. Suele pasar que la persona experimenta varias emociones simultáneamente, como queda evidenciado en lo que Denette compartió. Para ella, la etapa de *adaptación* incluía soltar, pero no rendirse.

Cambio de lugar

No teníamos opción. Era el momento de mudar a nuestro hijo Bill, a una vivienda de residencia asistida. Era lo mejor que podíamos hacer por él, al menos temporalmente.

Cuando le dimos la noticia, se tornó inusualmente peleonero. "¡No me pueden obligar! ¡No lo haré!" Sentí que mi vida pendía de un hilo. Yo sabía que sería necesaria la gracia de Dios para lograr que él quisiera ir, pero Bill se rehusó por completo. Yo no sabía a dónde acudir para empezar a buscar ayuda.

Encontré un lugar que pensé que funcionaría. Era hogareño y encantador, con jardín y un perro. Pero cuando lo llevé, ni siquiera descendió del auto para verlo, me gritaba, "¡No, no voy!" Yo sabía que debía hacerlo, pero esto me estaba matando por dentro. Cada fibra de mi decía que esto no debía ser así. Cuando Dios me permitió adoptar a Bill, yo oré y juré que mientras viviera, me ocuparía de él. Siempre imaginé que moriríamos juntos, lo que ahora en retrospectiva veo que fue muy ingenuo de mi parte.

No sabía qué hacer. Oré. Mi familia estaba orando. Mis amigos estaban orando. Y un buen día, vi un rótulo en la tienda anunciando una nueva vivienda en un área de residencia asistida. Era tan linda, pero yo sabía que no podría costearla. Cuando fui a visitarla, era tan hermosa que yo misma me quería mudar a vivir allí. Acababa de abrir, no había lista de espera. Emocionada, averigüé si el lugar aceptaba Medicare e hice un plan para llevar a Bill a verla.

"Bill, necesitas entender. No es cuestión de *si* tú quieres vivir en una residencia asistida, sino es en *cuál* vivirás." Así lo preparé para lo que estaba por suceder.

Conduje hasta el lugar. Para mi asombro, Bill dijo, "Caramba, mira esto". Qué alivio. Fue solo cuestión de días y él ya se había mudado. Le gustaba muchísimo. Una vez instalado, comenzó a hacer amigos. Hasta estuvo en la campaña para ser elegido el VP de la residencia a los treinta y ocho años de edad. El Señor Sociable, Bill, despreocupado, disfrutaba de la presencia de los demás residentes.

Cuando yo no supe a dónde acudir, seguí clamando a Dios por su ayuda. ¿Quién se hubiera imaginado que un simple tablero de mensajes en la tienda me ofrecería tremendo obsequio? ¡Solo Dios pudo haberme dirigido a tal hallazgo!

Una y otra vez vino la ayuda de fuentes inesperadas. Después que él se mudó, le dije a Bill que debía caminar con regularidad para mantener sus piernas fuertes. Cuando mi insistencia se tornó en pelea, le dije que era su cuerpo y su decisión y dejé de pelear con él. De nuevo, le entregué el tema a Dios en oración.

Un vecino en la residencia estaba en silla de ruedas debido a una apoplejía. Él tenía equipo de ejercicios en su habitación. Un día mientras platicábamos, jugando un juego de mesa, este residente comentó, "Yo hago ejercicios todos los días". Después le dije a Bill, "Me parece que a él le gustaría tener alguien más con quien hacer ejercicios. ¿Qué piensas tú?" Sin chistar, ambos estaban haciendo ejercicios juntos. Qué enorme bendición que uno ayudara al otro. Les gustaba eso y ambos se fortalecieron. Todo lo que pasé con Bill tuvo sentido.

Cada vez que no teníamos ni idea, la respuesta venía de una fuente inesperada, algo que no era obvio en la superficie en ese momento. Al ver hacia atrás, parecía que la ayuda llegaría y que no teníamos ni la más remota idea de cómo sucedería. Cada vez quedábamos estupefactos, aliviados, rascándonos la cabeza y volvíamos la vista a nuestro Padre Celestial con profundo agradecimiento para decir, "Gracias, gracias, gracias".

Denette descubrió que, como con el sentido de los elefantes, los recursos necesarios en cada etapa pueden ser divinos y pueden venir de los lugares más asombrosos.

CAMBIO DE PERSPECTIVA

La doctora en divinidad Laurie A. Vervaecke es consejera clínica profesional y licenciada en consejería clínica cristiana y presidenta de Utah Childhelp. Sus pensamientos son la perspectiva de un experto en cuanto a cambiar las ideas, lo que permite la fusión de la sabiduría en su toma de decisiones diarias.

Cuando piensa en la palabra *cambio* como verbo, significa dejar algo de lado o reemplazarlo por algo más. Un cambio transfiere a una persona de un lugar o puesto a otro, como con el cambio de marchas de un automóvil, de una relación o arreglo a otro. Cuando aplica un cambio a un deporte como el béisbol, puede significar una estrategia o reposicionamiento.

Un cambio también es una tecla modificadora en un teclado, la que con un delicado y simple movimiento, altera el resultado. Una tecla de mayúsculas[*] cambia a las otras teclas del teclado, así como cambia su perspectiva, afectando a otros en su vida. En un teclado, la tecla cambia de minúsculas a mayúsculas. De forma parecida, usted está presionando en los elementos clave del cambio cuando balancea sus perspectivas "nuevas normales". Al estar dispuesto a cambiar sus perspectivas según sea el caso, experimentará una respuesta intensificada, una expresión diferente a la normal que permite que usted tenga una comunicación más clara y un toque más suave en su día.

---

[*] En inglés, la tecla de mayúsculas es *Shift*, que significa mover, correr, desplazar, cambiar.

Cambiar perspectivas incluye el ser realista en cuanto a lo que puede ocurrir y aceptarlo, como revela la historia de Denette. "Las situaciones que uno enfrenta al avanzar con las necesidades cambiantes de su hijo pueden hacer que usted tenga que revisar su perspectiva", dijo. "En mi caso, yo tuve que preguntarme qué era lo más importante. Si mi hijo moría dos años antes porque no caminaba, ¿sería una pérdida mayor que diez años de peleas, estrés y una relación arruinada con él? Mi respuesta fue que no, no valía la pena. Mi perspectiva cambió. Mis motivos siguieron siendo los mismos – hacer lo mejor posible para mi hijo durante el resto de mi vida. Definir lo que era mejor fue lo que cambió. Y mis perspectivas de lo que era importante y porqué era importante han seguido cambiando a lo largo de los años."

Después en la entrevista con Denette, su hermana Carole, reflexionó en la sanidad con Denette. "Lo que él necesitaba en aquel entonces, se lo diste. Lo que él necesita hoy, se lo estás dando. Lo empujaste cuando fue necesario. Hoy es diferente. Tu rol, tu función, cambia. La manera en la que te ves como persona y como mamá en tu relación con él, también cambia. Eres una buena persona, que se apoya en la bondad de Dios y confía en el mejor resultado posible."

"Sí", respondió Denette, "eso es verdad para cualquier niño que crece hasta llegar a ser adulto. Las relaciones, la perspectiva y las interacciones cambian con el tiempo. Las mías se transformaron de lo que yo quería que Bill fuera e hiciera como su madre a lo que era más realista y a veces, a lo que él estaba dispuesto a hacer."

LA FE ES UN VERBO

Mary Sue batallaba con los cambios requeridos para la interacción de ella y su hijo. Estaba exasperada, perdida y a punto de agotársele la cordura, como diría ella. Apoyando la cabeza sobre su escritorio, entumecida, le vino a la mente una canción vieja de Sonny y Cher. Una y otra vez los oía cantar en su mente esa letra inolvidable ("Conseguí que me entendieras") y el estribillo, ("Te conseguí, cariño, te conseguí, cariño").

Al recordar la letra, vino un inexplicable alivio. Ella susurró, "Eres asombroso, Dios. Puedes usar todo y cualquier cosa para comunicar tu punto. Gracias". Se puso de pie y salió por la puerta, una vez más animada, porque lo que parecía muerto hacía unos minutos, ahora estaba entregado y rendido a Su cuidado.

Cuando ponemos nuestra fe en Jesucristo, se convierte en la fe Cristo mismo. En muchos idiomas, la *fe* es un verbo, un verbo, una acción. Lo que hacemos, la manera en que actuamos, demuestra lo que creemos. La esperanza, compañera de la fe, nos recuerda que un día el dolor o las luchas que enfrentamos no nos definirán. Él convierte los titubeos en segundas oportunidades cuando acudimos a Él. Enfrentar los desafíos de la vida no es tener fe para algo, sino tener la fe en Alguien, nuestro Padre celestial, Su Hijo y nuestro Señor Jesucristo, así como la guía y consuelo que permanece: el Espíritu Santo.

EL AGUA VIVA ES UNA DINÁMICA ESPIRITUAL

Una *dinámica* es una fuerza que estimula el cambio o progreso. Jesús se refirió a Sí mismo como agua viva, o como agua que es fresca y fluye de la provisión de Dios como una dinámica del cambio. El libro de Juan registra una historia de una mujer samaritana que llegó a solas a un pozo cercano donde Jesús descansaba. Al acercarse, Jesús le pide que le dé de beber. Ella está impactada. En esos días, los hombres no les hablaban abiertamente a mujeres extrañas y los judíos evitaban hablarles a los samaritanos.

"... la mujer le preguntó: '¡Pero si usted es judío! ¿Cómo es que me pide agua a mí, que soy samaritana?' Jesús le respondió, 'Tú no sabes lo que Dios quiere darte, y tampoco sabes quién soy yo. Si lo supieras, tú me pedirías agua [*a mí*], y yo te daría el agua que da vida." Él siguió con su discurso con la mujer, "Cualquiera que bebe del agua de este pozo vuelve a tener sed, pero el que beba del agua que yo doy nunca más tendrá sed. Porque esa agua es como un manantial del que brota vida eterna". (Juan 4:7-15, TLA)

Todos necesitan agua viva. No importa si usted siente que la vida lo ha perforado hasta lo más profundo de su ser o que usted es un tocón viejo y muerto, latente. Su espíritu está en la búsqueda.

Cuando usted nace del Espíritu de Dios, el espíritu dentro de ti es eterno. Tal vez usted no sepa dónde buscar eso que necesita, pero su espíritu percibirá el sentir, el aroma del agua con la ayuda del Espíritu de Dios. Así como sucede con el viento que sopla hacia donde quiere y no es obvio de dónde viene, usted tal vez no pueda distinguir de dónde viene el sentir, el aroma o hacia dónde lo lleva, pero sí percibirá su presencia.

La naturaleza del elefante hace que olfatee las partículas de agua en el aire y comience su danza del agua. La naturaleza del Espíritu de Dios dentro de su espíritu lo guiará a Su agua viva. ¡Su alma danzará de nuevo!

ORE

Dios Padre, confío que soy obra de tus manos en Cristo Jesús y en que mis instintos vienen de Tu Espíritu. Con el tiempo, creo que descubriré las provisiones necesarias, aun cuando no me sean obvias en este momento. Creo que Tú, Padre, estás activando un proceso de transformación saludable y dador de vida desde cualquier etapa o "lugar seco y vacío" en el que me encuentre ahora. En mi viaje de transformación yo continuaré confiando en Tu guía. Elijo creer que hay agua adelante. Llegará el día en el que mi sed será saciada y mi alma anhelante, renovada. ¡Sonrío por el pensamiento de mi propia danza de elefante!

REFLEXIONE

1. "Que tus decisiones reflejen tus esperanzas y no tus temores." –Nelson Mandela
   ¿De qué maneras ha hecho usted elecciones para permanecer en el camino de la fe aun cuando no había señales de la muy ansiada provisión? ¿Cómo han afectado esas elecciones su sensación de bienestar? ¿Cuál de ellas concluyó el círculo, permitiéndole experimentar una respuesta o provisión?

2. En el momento en el que la respuesta o provisión llegó a usted, ¿le pareció que venía de una fuente inesperada o le pareció totalmente ilógico al inicio? ¿Qué pensó al respecto después?

3. ¿A quién conoce que haya tenido una transformación similar, inesperada y dramática que en un inicio parecía haber aparecido de la nada? ¿De qué manera lo motivó a usted o le ayudó a que su fe creciera?

Capítulo 8

Ranúnculos bajo el hielo: ¿A esto se le llama progreso?

Pasar de un ay tenso, explosivo, punzante a reconfortante, confiable, cómodo y resiliente

Mientras usted está en la etapa de adaptación, puede ser útil recordar la historia infantil de la liebre y la tortuga. La carrera no siempre la gana el más veloz. En su lugar, la victoria le pertenece al que permanece constante con los pequeños incrementos en su progreso. Está bien moverse muy lentamente y a veces hasta gatear rumbo a la meta.

Sin la perspectiva realista de lo que significa *ganar* la carrera, usted podría hallarse a sí mismo oponiéndose al progreso real y positivo. Por ejemplo, algunos padres se preguntan si la siguiente ayuda que le den a su hijo es señal de que se están rindiendo. El uso de silla de ruedas u otro equipo, por ejemplo, no es un acto de incredulidad o una señal de renuncia. Más bien es una acción específica de adaptación para el resto del viaje.

MANTENER EL BALANCE

¿La tienda que usted frecuenta vende brócoli en manojo atado con una goma elástica gruesa, ancha y azul? Imagínese cortarla por la mitad y usted y un amigo sostienen ambos extremos. Es un juego. Lentamente se separan para ver quién la suelta primero. Los ojos entrecerrados, la cabeza agachada, cada uno lentamente se aleja del otro. ¡Toma! Quien haya soltado de primero perdió la batalla, pero el que se sostiene hasta el final "recibe el latigazo" y se le hace una marca.

Balancear la tensión entre disfrutar tiempos más tranquilos y gentiles y estar preparados para el "reventar" es una elección que requiere de práctica. El dolor punzante de las desilusiones, especialmente las inesperadas, puede anular los deleites placenteros, divertidos y momentáneos. ¡Toma!

Así es que ¿cómo puede usted encontrar y mantener el balance de maneras positivas y vivificantes? La terapeuta Faith Raimer nos comparte sus ideas.

Pasar de reventado a cargado

Como cuando mantiene en su lugar la bolsa plástica que protege su periódico en un día lluvioso, las gomas elásticas son funcionales de muchísimas maneras. ¿Cuántas veces en mi juventud busqué una que sostuviera mi grueso y rizado cabello en una coleta o una más grande que sostuviera mis calcetas estiradas a la altura de la rodilla? Hoy, hay unas muy coloridas y resistentes que las tiendas utilizan para empacar los vegetales. A mí me gustan más las de color morado, ¿y a usted?

Resulta ser que reventar una liga elástica es a veces el método preferido de tratamiento en la terapia. Hasta tiene nombre. La Técnica de la Liga Elástica y ha demostrado ser efectiva en disuadir o erradicar los comportamientos no deseados. Dicho directamente, permite que ocurra un cambio mental que puede cambiar una forma de pensar o romper un hábito.

¿Por qué es importante el concepto de estirar y soltar de la liga elástica? Una cita bien conocida de Henry Ford, "Sea que piense que puede o que no puede, estará en lo correcto" es un buen recordatorio de la importancia e impacto que sus pensamientos pueden tener en su vida. Permítame ofrecerle unas pocas palabras sobre-simplificadas y no técnicas acerca de los sentimientos, pensamientos y comportamientos para ilustrar más esta idea. Sus *sentimientos* están primordialmente basados en sus emociones. Sus *pensamientos* lo ayudan mentalmente a evaluar, clasificar y etiquetar sus sentimientos. Los hombres son especialmente buenos en clasificar rápidamente porque son más propensos a ver las cosas con su imaginación, en blanco y negro—es esto o es aquello, punto. La mayoría de las mujeres necesitan más tiempo para reunir, desenredar, clasificar, sopesar y justificar los sentimientos para poder llegar a una conclusión "racional". Su *comportamiento* es impulsado por sentimientos o pensamientos o una combinación de ambos.

Los humanos, como los animales, tenemos un sistema automático dentro del cerebro que se llama la "respuesta de lucha o huida" que nos indica cómo reaccionar inmediatamente cuando nos enfrentamos al peligro inminente. Es una respuesta fisiológica que detona una liberación de hormonas que preparan al cuerpo para plantarse firme o huir. A diferencia de los animales, sin embargo, los humanos tienen la capacidad intelectual de adquirir y aplicar conocimiento y destrezas. Bajo condiciones normales, esta capacidad nos permite considerar una situación y ofrecer una respuesta razonada en lugar de simplemente confiar en una reacción como cuando el médico nos golpea la rodilla. Responder con la razón y con destreza requiere de pensamiento previo y práctica. Ser reactivo es automático y no requiere de gran esfuerzo.

Un *patrón* es una acción o comportamiento positivo repetido con regularidad que es beneficioso. Un *hábito* es un comportamiento repetido que puede ser negativo y que cuando se practica con regularidad, puede ser dañino. Los patrones son fáciles de manejar, corregir o cambiar según sea apropiado para el individuo o situación. Por ejemplo, Ruth desarrolló un patrón cariñoso de hornear postres para ofrecerle a Sue cuando ella llegaba de visita. Durante una visita, Sue le dejó saber que apreciaba su intención pero que estaba tratando de evitar comer azúcar. Ruth continuó ofreciendo su afecto pasando de postres a zanahorias. Sue podía comer todo lo que su corazón quisiera. Se restauró la paz y el problema quedó resuelto.

Los hábitos son un poco más desafiantes y difíciles de cambiar. Ron, por ejemplo, tenía el hábito de quejarse. Él parecía tener esa costumbre de pronosticar nubes negras en los cielos azules. La gente se cansaba de su negativismo y comenzó a dejarlo fuera. Cuando un amigo valiente finalmente lo confrontó por ese mal hábito, Ron reaccionó con sorpresa y enojo. Defendió su comportamiento acusando a su amigo de ser cruel y estar fuera de la realidad. Después de calmarse, Ron consideró la verdad que había escuchado. Se percató de que sí estaba equivocado. Podía ver la necesidad de cambiar, pero no sabía por dónde comenzar. Él había sido un quejoso por tanto tiempo que le parecía natural refunfuñar y encontrar defectos y le era anormal no hacerlo. Como parte de su terapia, le pidieron que usara la Técnica de la Liga Elástica.

Así es como funciona la técnica. Comienza al colocarse una goma elástica resistente que rodee su muñeca cómodamente. Usted decide qué es lo que quiere dejar de hacer, digamos, decir comentarios negativos como "Ese tipo es un patán". En el momento en que ese hábito que usted desea romper se manifiesta, usted toma la goma, la estira y la suelta contra su muñeca. ¡TOMA! Al sentir la punzada, puede decir algo positivo como, "Él está haciendo lo mejor que puede". Al reemplazar lo negativo con positivo, usted cambia sus pensamientos y reentrena su cerebro. Cuando decide actuar así y al hacerlo en un patrón de repetición, usted se prepara para pensar y actuar a partir del corazón en lugar de a partir de la mente. Usted se enseña a sí mismo a tomar decisiones conscientes que son respuestas y no reacciones.

Para el gran deleite de Ron y sus amigos, la técnica funcionó. Puede funcionarle a usted, también. Si usted tiene el hábito de descalificarse, por ejemplo, puede reemplazar ese discurso negativo con palabras alentadoras y motivadoras. Utilice la Técnica de la Goma Elástica, y deshágase de un mal hábito (como decir, "soy un fracaso") y reemplácelo con un patrón que diga "soy capaz y competente". Aunque usted no lo crea al inicio, pronto podrá ver la verdad en ello por sí mismo.

La mayoría de nosotros, si hemos de ser honestos con nosotros mismos, podríamos recibir cierta ayuda al manejar nuestros hábitos y comportamientos no deseados o reactivos. Considere añadir una sencilla goma a su kit de herramientas para la vida. La inversión es insignificante. Las recompensas, enormes. ¿De qué color es su goma elástica?

A LA ESPERA

Lo que sea que ocurra en este momento, su realidad práctica por lo general tomará precedencia sobre lo que usted piensa que el futuro puede traer. Al mismo tiempo, la mente renovada siempre ajusta las perspectivas para estar lista para lo que está por delante. La terapeuta Carmenza Herrera Méndez comparte sus pensamientos acerca de ese tiempo de espera.

> Hay veces en las que los papás deben continuar con sus ensayos, prácticas, o intentos, para que un comportamiento o interacción se manifieste con su niño, a pesar de lo que parecen ser incontables pruebas y errores. Estos ensayos pueden abarcarlo todo, desde un juego o destreza de auto ayuda (bañarse) hasta tratar de que el niño pruebe una comida nueva o aprenda a responder en una situación de vida o muerte. Al ojo inexperto le parecerá que nada está sucediendo, que no hay progreso en lo absoluto.
>
> Este lugar, aparentemente sin progreso alguno, es en realidad un momento de espera en el sentido de que no hay cambio discernible. Es un momento en el que yo creo que es importante recordarles a los papás que deben tener claridad de la información que reciben de parte de su equipo especializado de médicos o terapistas y de las metas y expectativas realistas hacia las que están trabajando.

A veces se incrementa la tensión malsana cuando su estándar personal está muy alto para los cambios físicos o emocionales de su hijo en cierto momento. Mientras más alto el estándar, mayor será la distancia hacia abajo. Quizá sienta que es necesario definir y redefinir las expectativas y los elementos del tiempo para los cambios que desea que sucedan. Cuando las metas son demasiado altas o demasiado inmediatas, la inevitable desilusión puede ser la antecesora de la depresión. La amargura, enojo y frustración llegan. Antes de que se dé cuenta, estará sumergido en un resentimiento dañino contra los demás, especialmente contra la figura de autoridad que le recetó otra medicina o el uso de cierta pieza de equipo.

Susan y Kevin estaban convencidos de que todo sucedía de parte de Dios o del diablo. No había terreno en medio. Consideraban que ningún progreso visible era un paso hacia atrás. Descartaban ese día como un fracaso. Se veían a sí mismos como inmersos diariamente en una batalla. Cuando les preguntaron de su último esfuerzo por provocar un cambio o crecimiento, se podía escuchar la angustia en su voz: "El diablo ganó ésta". Era otra prueba más entre el bien y el mal, éxito o fracaso. Tristemente pasaron años con esta mentalidad. Sentían que iban perdiendo si soltaban ese odio desesperado que sentían con el progreso actual en lugar de encontrar un lugar para el potencial de mañana. Nunca parecía haber un día en el que celebraran momentos dulces, fueran en búsqueda del tesoro del agradecimiento o descansaran de la batalla para darles la oportunidad de descubrir un canto de gozo.

Un día, Connie se hundía en la ciénaga del desaliento. Con un profundo suspiro, escribió estas palabras en su diario a modo de oración.

Muy quieta, muy pequeña

En mi mente, puedo ver que la candela ya se va a acabar. Una leve brisa sopla suavemente a través de la ventana oscura. Me veo levantándome para apagar la llama parpadeante, que parece ser mi única luz.

Jesús, ¿es este un mensaje Tuyo? Señor Jesús, ¿eres Tú animándome a levantarme, a recibir la brisa y a apagar la vela? ¿He de creer que en el futuro habrá un sol de mediodía con respuestas a partir de este pequeño destello, esta brisa tan tenue, y que habrá mañana? Aunque esto es todo lo que veo y siento, ¿quieres que tenga esperanza y confíe en Tu amorosa provisión para mí?

Luego, una suave y consoladora respuesta pareció mostrarse con un simple "Sí". Instantáneamente pude sentir una determinación energizante y que se quitaba la tensión. Las palabras de la Biblia vinieron a mi mente. Salmos 37:4-6, "Deléitate en el Señor, y él te concederá los deseos de tu corazón. Entrega al Señor todo lo que haces; confía en él, y él te ayudará. Él hará resplandecer tu inocencia como el amanecer, y la justicia de tu causa brillará como el sol de mediodía." (NTV)

Sandra se estaba recuperando de la devastadora pérdida de su esposo y de una montaña de deudas. Ella compartió cuál era la base de su curva de aprendizaje con una frase sencilla, "Nutre la esperanza y la fe crecerá". Cada paso hacia delante en su progreso vino como resultado de un esfuerzo considerable y junto con gran provisión de su Señor. No fue fácil. Fue necesaria la perseverancia y la resiliencia, y ella dijo que en medio de todo eso no era posible negar la provisión de Dios. Hoy continúa celebrando el descubrir Su presencia que la equipa y la transporta a través de todo.

La preparación anticipada para que "venga lo que venga" no es una evaluación negativa del potencial futuro de su hijo. Tampoco es desagradable incredulidad a lo que Dios pueda hacer. No se trata de darse por vencido. ¡Su tiempo de espera se trata de confiar –confiar "venga lo que venga"!

2 Corintios 12:9 dice, "pero él me dijo: 'Te basta con mi gracia, pues mi poder se perfecciona en la debilidad.' Por lo tanto, gustosamente haré más bien alarde de mis debilidades, para que permanezca sobre mí el poder de Cristo". En Filipenses 4:13 dice, "Todo lo puedo en Cristo que me fortalece".

EL DÍA DE LAS PEQUEÑECES
En Zacarías 4:10, el ángel le pregunta a Zorobabel, "¿Pues quién ha menospreciado el día de las pequeñeces?" (LBLA) Si usted menosprecia algo, lo aborrece, desdeña, desprecia o lo odia. Palabras fuertes. Sentimientos fuertes. La ausencia de progreso medible o identificado puede evocar una respuesta negativa. Tiene el potencial de convertirse en todo consumidor, al punto de anular cualquier sentido del verdadero progreso. Usted puede quedarse con fuertes sentimientos de odio que se convierten en dardos dirigidos directamente a quien que se atreva a sugerir que usted debe dar un pequeño paso atrás.

¡Ay de aquel que se atreva a decirle que el progreso "hasta ahora" es suficientemente bueno por el momento! Usted no quiere oír eso. Este rechazo puede impedir que surjan los sentimientos de agradecimiento y esperanza que vienen con los más pequeños incrementos de progreso. En breve, usted se pierde la celebración de las pequeñeces.

En la historia de Zacarías, yo puedo imaginarme a los escarnecedores que provocaban a los israelitas por su progreso lento y gradual. Veían su debilidad, pobreza y el hecho de que nadie era su amigo o que su causa era patética. Estos burlones los despreciaban, mofándose de ellos con palabras como, ¿Qué harán estos débiles judíos? ¿Construirán? Ellos los veían como unos necios simplemente por intentarlo porque les parecían impotentes. Pero la intención de la pregunta del ángel "¿Pero quién ha menospreciado el día de las pequeñeces?" era destacar lo absurdo de los escarnecedores. Con Dios de su lado, ¡eran imparables!

Cada día es una oportunidad para que medite qué pequeñez puede llevar a cabo. Reconocer qué es razonable para hoy y qué puede hacerse en otro día no va en contra a permanecer esperanzado y creyendo por lo mejor de Dios.

La terapeuta Faith Raimer ofrece su perspectiva de las pequeñeces, "Recuerdo una vez cuando yo era la entrenadora de un equipo de básquetbol. No era tanto la terapeuta sino más bien era mamá y entrenadora. Uno de los jugadores era Johnny, un pecoso pelirrojo, tímido al que todo le daba miedo. Él no se dio por vencido y yo tampoco. Un día lo animé y lo dirigí. Le dije a los chicos que le pasaran la bola a Johnny y lo hicieron. Todos estábamos impactados cuando logró encestarla. Mientras tanto, su papá que finalmente había llegado a un partido, estaba afuera vomitando porque estaba ebrio. Johnny no contó con el regocijo de su papá, pero sí con el de todos los demás".

Denette expresa la diferencia entre rendirse y soltar durante la etapa de adaptación. "A veces cuando me rindo o suelto, yo soy la única persona que sabe cuál es la diferencia. La gran diferencia entre ambas es la decisión interna. Cuando solo me rindo, me siento desesperanzada, contrariada o hasta furiosa. Cuando suelto, siento gracia y paz. Por fuera puede verse como que es la misma acción, pero por dentro es considerablemente distinta." Cuando Denette encontró la gracia para soltar lo que necesitaba hacer para el futuro de su hijo, se sintió más paciente y más preparada.

En lugar de rechazar las pequeñeces, ¿por qué no admirarlas? Ellen, una niña de 6 años, disfrutaba de ponerse su chaqueta sin ayuda de otros, a pesar de que sus pequeños brazos le temblaban tan dramáticamente que casi ni podía meterlos por las mangas. Consciente de su circunstancia, su maestra era paciente y esperaba. Cuando Ellen finalmente lo lograba, era un gozo ver su enorme sonrisa y ojos brillantes, bien valían la espera.

La maestra de Ellen admiraba su valor y persistencia. Se preguntaba si ella estuviera en el lugar de Ellen, ¿habría tenido la misma determinación? Las acciones de Ellen le añadían brillo a los días de su maestra. Un día mientras veía a Ellen, pudo escuchar a los pajaritos cantar en armonía afuera de la ventana; era como si ellos también admiraban a la pequeña Ellen y le cantaban sus felicitaciones.

Cuando usted redefine lo que es más importante para que su hijo lleve a cabo en cualquier punto del progreso hacia delante, puede disfrutar mejor cada momento precioso. Después de todo, ser padres no es una carrera de velocidad –es un maratón para toda la vida. Al adquirir el entendimiento de lo que se necesita para correr durante largo tiempo, usted será empoderado con un mayor grado de paciencia para el hoy.

Cuando sea que sienta la tensión de las expectativas, es útil preguntarse, ¿de dónde vino esta expectativa?

¿Vino de mi sistema de valores personal?
¿Vino de la cultura en general?
¿Es así como responde mi familia?
¿Está basado en la forma en que nos trata la gente?
¿Serán todos los anteriores?

Una vez que usted determina la fuente de una expectativa, pregúntese si es o no saludable. Cuando responda esa pregunta, podrá tener más satisfacción y paz personal sabiendo la diferencia entre una expectativa irreal y una que sí aplica a usted y a su familia en este momento.

James Dobson comenta en su libro, *Cuando lo que Dios hace no tiene sentido*, "El secreto de Pablo, para estar contento, surge de un principio universal de la naturaleza humana. Consiste en confiar en Dios a pesar de las circunstancias, y no esperar demasiada perfección en esta vida. Viene un día mejor para aquellos cuya fuente de satisfacción es Jesucristo".

Su Padre celestial le ofrece un flujo continuo de amorosa aceptación y comprensión para lavar sus desilusiones hoy y reemplazarlas con Su admiración por usted, aun por los esfuerzos más pequeños.

La gente puede ser que se burle o que piense que usted es necio por encontrar tesoros en la belleza que descubrió en el trayecto. Sucede. Simplemente no entienden su secreto y no han aprendido ellos mismos el gozo de la búsqueda del tesoro por, incluso, el más pequeño y valioso guijarro en la vida. Pero Dios sí entiende. Él está de su lado, animándolo a cada paso que da.

Anime su corazón con Su verdad. Fortalezca su alma y llénela de valor y resistencia con las Escrituras tales como Romanos 4:18, "Contra toda esperanza, Abraham creyó y esperó, y de este modo llegó a ser padre de muchas naciones" y Marcos 9:23, "¿Cómo que si puedo? Para el que cree, todo es posible". Y si su espíritu continúa hundiéndose como una roca en la laguna, considere orar la misma oración que oró el padre que dudaba en Marcos 9:24, "¡Sí, creo, pero ayúdame a superar mi incredulidad!" (NTV)

Haga una decisión de calidad para permitir que su corazón quede inmerso en la relación con su Creador, el Dios Todopoderoso y Su Hijo Jesucristo. Crea que Dios proveerá la resiliencia necesaria para su alma y el espíritu requerido para los informes, profesionales médicos, aseguradoras, escuelas u organizaciones que parecieran solo afirmar que nada puede cambiar para mejor. La resiliencia es la habilidad de recuperarse luego del estrés, cambio drástico o pérdida. Produce flexibilidad y es lo opuesto a la rigidez. Aun cuando los informes negativos terminen siendo la verdad, usted puede estar y estará equipado para soportarlos. Usted hará más que solo sobrevivir. Con Dios de su lado, usted prosperará bajo Su cuidado y amor incondicional.

Su Padre celestial acallará su alma y dará la chispa para que su espíritu cante. Cuando lo haga, usted estará mejor capacitado para manejar la tensión entre las expectativas negativas y las positivas. Y se sorprenderá del crecimiento adquirido en la fortaleza de carácter que le ayudará a allanar ese camino empedrado de desafíos a los que se enfrenta diariamente. Sus retoños amarillos, brillantes como el sol serán visibles aun debajo de la gruesa capa de hielo de la vida. Vienen días en los que se sorprenderá de oírse tararear al ir por ahí.

***

Espera

Es en el silencio que se pueden oír hasta los sonidos más leves.
Al esperar mi alma en el Señor,
sus frutos abundarán.

***

1 Juan 3:1-3 dice, "Miren con cuánto amor nos ama nuestro Padre que nos llama sus hijos, ¡y eso es lo que somos! Pero la gente de este mundo no reconoce que somos hijos de Dios, porque no lo conocen a él. Queridos amigos, ya somos hijos de Dios, pero él todavía no nos ha mostrado lo que seremos cuando Cristo venga; pero sí sabemos que seremos como él, porque lo veremos tal como él es. Y todos los que tienen esta gran expectativa se mantendrán puros, así como él es puro" (NTV).

***

Ranúnculos bajo el hielo

"¡Qué necio!" alguno dirá.
"Siempre esperas que pase mañana lo que hoy no ocurrirá."
¿Siempre? Sí.
¿Necio? No lo creo.
Después de todo, ¿por qué no creer que sucederá mañana?

Solo el temor impide que crea una vez más.
Piensa en el espíritu apacible que la esperanza tiene preparado.

Tal vez sientas que no soportarás el dolor
si descubres que abrazaste tu esperanza en vano.
Pero recuerda que la vida se extiende más allá de esta hora.
Confía en el amoroso cuidado de Dios y su voluntad para darte poder.

Para quienes tienen ojos para ver, la naturaleza predica una historia
de esperanza.
Considere la creación y las muchas lecciones que aprendemos
de la flor, la mariposa o el gusano de la seda.
¿Y cuál es su buena noticia?
Hay razón para la esperanza detrás de cada velo oscuro.

Has visto fotografías. Las he visto yo también.
¡Asombroso, qué maravilla, caramba!
¡Lo que parece imposible es verdad!

Una maravilla captó el lente del fotógrafo
fueron los ranúnculos retoñando bajo el hielo—
un fenómeno de la vida capturado.
Si la imagen no lo hubiera inmortalizado,
¿habría alguien creído que tal cosa podía ser?

Nadie habría imaginado que los ranúnculos podían crecer
no solo en los fríos más intensos,
sino además florecer bajo el hielo, rodeados de nieve.

Mi corazón salta por la afirmación.
Es verdad, las misericordias de Dios son verdad.
Acá estoy, maravillado y admirando.

La esperanza, como un novio en invierno, expectante levanta el velo
de la oscuridad,
revelando el compromiso de Dios contigo,
uno que va más allá del momento hasta la eternidad.

Sin duda alguna hay estaciones en la vida
cuando uno querrá recordar esos ranúnculos bajo el hielo.
Cuando abrumado estés y las lágrimas recorran tu rostro,
no olvides a los ranúnculos emergiendo de debajo del grueso encaje
gélido.

La Escritura advierte que la esperanza postergada aflige el corazón.
No temas. Los ranúnculos pueden florecer donde tú no puedes ver.
La voz del cielo te animará cuando la esperanza se desvanezca.

Los ranúnculos bajo el hielo son el recordatorio de la naturaleza
de que tus expectativas más sinceras,
ocultas aún,
pueden en cualquier momento ser reveladas.
Y si por alguna razón los retoños no salieran a plena vista,
aún así apóyate en el Padre Dios. Él te fortalecerá.
Hasta que la noche pase e inspire por última vez,
la esperanza perdurará, descansando en la salvación de Dios.
¿Y tú, crees que Su Palabra es verdad?

***

ORE

Padre celestial, hoy elijo dejar esas evaluaciones negativas que me roban e impiden verte desde Tu perspectiva. Dejo de estar de acuerdo con los pensamientos del yo que me han mantenido cautivo y me pongo de acuerdo con la paciencia y paz saludables que Tú tienes almacenadas para mi familia. Creo que prodigas Tu amor sobre nosotros. Lo que no hemos visto tiene potencial de ser revelado en Tu tiempo. Cualquier esperanza que no fructifique no alterará mi confianza perdurable porque soy obra de Tus manos, Cristo Jesús. Mi familia descansa sabiendo que cuando Tú aparezcas, seremos como Tú. Esta verdad continúa siendo nuestra esperanza purificadora. ¡Qué día glorioso será! Mientras tanto, elijo buscar los tesoros ocultos y las pequeñeces. Creo que veré a los ranúnculos amarillos retoñar bajo el hielo.

REFLEXIONE

1. ¿Cuáles son sus expectativas para hoy? ¿Hasta qué punto serán reales, en su opinión, para poder implementarlas en su viaje?

2. ¿Será hora de incrementar o reducir el nivel de una expectativa en particular? Si la respuesta es sí, ¿cuál?

3. ¿Qué tan a menudo se ha descubierto a sí mismo identificando y disfrutando de las cosas pequeñas? ¿Puede pensar en una en particular en este momento?

Capítulo 9

El corazón de león a la espera: ¿Me oye rugir?

Pasar de la derrota, intimidación y respuestas apocadas a reacciones vencedoras, valientes y perseverantes

Marchitarse o "desmayar" cada vez que escucha malas noticias ya no es su primera reacción. Bueno, tal vez todavía está trabajando en ello, pero va mejorando. Las noticias de un desafío más no lo convencen de rendirse ni lo tientan a ello. Sin importar cuántas veces tenga que atravesar una lucha o situación repetida, usted está descubriendo la tenacidad dada por Dios para perseverar.

¿Cómo puede declarar que tiene tan desafiante confianza? Puede porque usted no solo está atravesando las etapas emocionales y prácticas de la paternidad, sino que está también haciendo la transición hacia una madurez más profunda; una en la que, sin importar qué venga en el futuro –aun si es menos de lo que usted una vez quiso– usted sabe que Dios es bueno, que usted es Su hijo, y que Él está con usted. Es su estaca en el suelo, su confianza en que prevalecerá. Su esperanza fortalece sus convicciones, refuerza su fortaleza interna y externa.

En Salmos 31:24 dice, "Cobren ánimo y ármense de valor, todos los que en el Señor esperan".

Es probable que usted ya no piense en sí mismo como una víctima. Usted ha comenzado a experimentar momentos en los que la provisión de Juan 14:27 prevalece: "La paz les dejo; mi paz les doy. Yo no se la doy a ustedes como la da el mundo. No se angustien ni se acobarden". Crece el valor, aunque parezca ir lento a veces.

EL VALOR PARA CUESTIONAR

Los cristianos a veces vacilan no sabiendo cuándo hay que dejar simplemente que algo suceda sin mayor oposición y cuándo cuestionar una decisión o diagnóstico. La historia de Jana acerca de Jason resalta cómo crece el valor frente a los desafíos.

Jason, Jana, y los poderes establecidos (Parte 1)

Una vez que permitieron a Jason ir a casa del hospital luego de su nacimiento tan traumático, el diagnóstico fue aún más espantoso: Anormalidad genética de 1Q.

Los médicos dijeron que había solo unos cuantos casos con este componente genético y que los niños o morían antes de cumplir un año o eran abortados. El único pronóstico que podían dar era que tal vez nunca caminara, nunca hablara, y que sobreviviría como inválido por el resto de su vida. Así de joven e ingenua como yo era, simplemente me rehusé a creer que esa sería la historia para la vida de Jason. Oré mi sencilla oración una y otra vez: "Señor, necesitamos tu ayuda", pero esta vez decidí creer y declarar que el pronóstico del médico para Jason no se cumpliría.

En algún lugar de mi corazoncito, algo surgía que me instaba a pelear. He de decir que no era una persona tímida, sino un poco crédula y reservada y por lo general creía lo que cualquiera me dijera. Pero esta vez fue diferente. Esta nueva confianza no era mía, sino que era una lucha que surgía a pesar de mi fe tan simple. El sentimiento que tenía era uno de defender las necesidades de otros y no solo las de mi hijo. Este momento en mi vida no fue el último en el que me enfrentaría a un desafío o que creería lo opuesto de una circunstancia y en el que surgía en mí la fuerza como la de Sansón. Dios tenía intención de que Jason viviera a pesar de que los doctores no sabían nada y de que nosotros no sabíamos nada, solo que creíamos en un gran y poderoso Dios que ama a Sus hijos y a los que en Él creen. Jason tiene hoy treinta y tres años y puede caminar y hablar.

A los seis años, inscribimos a Jason en una escuela especial en aquel entonces cuando él solo podía gruñir unas pocas palabras para expresarse y básicamente utilizaba un lenguaje de señas simple para comunicarse. Cada año, a los niños en la escuela se les realizaba un Programa de Educación Individualizada (IEP, por sus siglas en inglés) para determinar cuáles eran sus necesidades y objetivos. Él sí que tenía muchas necesidades, pero pronto descubrí que necesitaría usar una actitud de "lucha por sus derechos".

Yo era una mamá soltera muy joven e ingenua. El papá de Jason no pudo manejar las discapacidades de Jason, por lo que ya no estaba en su vida. Lo que pasó después, por lo tanto, fue difícil. Le negaron terapia de lenguaje a mi hijo. Además, la escuela lo etiquetó como que tenía problemas conductuales y estaba lista para enviarlo a otro lugar. Incluso a su mamá, tan ingenua y simple como era, le pareció que esa decisión no tenía sentido. Parecía como que la escuela estaba tratando de librarse de Jason. Yo estaba en shock, sorprendida y enojada. Tuve la gran fortuna, sin embargo, de que alguien me hablara de manera no oficial (probablemente porque ella sabía lo ingenua que yo era) para decirme que tenía el derecho de apelar y me dijo a dónde acudir por ayuda.

En ese momento, pienso que los maestros no sabían qué hacer con Jason. ¡Yo tampoco! Él era lindísimo, pero les exprimía la energía a todos hasta la última gota. Era hiperactivo y no se quedaba sentado ni dormía. Había algo de travieso en él que hacía que todos se mantuvieran en alerta constante, porque además él no sabía identificar el peligro. Su sentido del humor nos asombraba y divertía, aunque fuera brevemente.

Decidí apelar y fuimos a mediación. Me dirigieron al Consejo para la Niñez de Charlotte. El primer paso fue reunirme con el superintendente de la escuela. Nunca se me olvidará ese día, cuando tuve mi primer encuentro con un gigante. Él usó su gran tamaño (yo solo mido 1.55mts) e intimidación verbal, con un tono que en otras circunstancias me hubiera hecho huir aterrorizada y, literalmente me quiso arrinconar. El Consejo me había asesorado anticipadamente diciéndome que mantuviera mi postura, así que la mantuve, aunque me temblaban las rodillas y tragaba en seco. El resultado fue que Jason recibió lo que merecía, que era la terapia de lenguaje, y hoy es capaz de hablar y le gusta tanto hacerlo que a veces tengo que subirle el volumen al radio en el carro para lograr que haga silencio por un momento y solo escuchar la música.

Ahora me puedo reír de eso, pero en aquel entonces, definitivamente que no. Ésta tampoco sería la última vez que me enfrentaría a un gigante. La batalla por los derechos de educación de Jason continuó siendo una lucha de toda la vida, pero al menos ya sabía que tenía una voz para pronunciarme y que podía encontrar consejo y sabiduría para saber en qué dirección avanzar para conseguirle ayuda.

Jason no era un chico simple. Muchos doctores y enfermeras me veían y me mencionaban que no sabían qué decirme. Así es que yo solo miraba hacia el lugar de donde viene mi redención y la de Jason y, tarde o temprano, recibía alguna dirección—no sin lucha, pero así es la vida, ¿no le parece? Aprendí que Dios tiene un propósito redentor en todos y que abre los ojos de los que ven.

Jason nunca encajó en un aula tradicional, pero con persistencia y de manera oportuna, la educación para niños autistas se hizo presente. Jana descubrió que Jason estaba en la categoría del espectro autista. Esto le ayudó tremendamente con su educación, aunque los sistemas escolares todavía no estaban listos. Así es que la educación de Jason vino a base de prueba y error, pero principalmente por la determinación de mamá de pararse en la brecha y trabajar la tierra en donde no había respuestas. No se imaginaba Jana que, en cuestión de unos años, ella se enfrentaría a su mayor desafío a la fecha—y daría la vuelta de la victoria.

MEJORES RECURSOS

En un capítulo anterior mencioné el valor del perdón y lo necesario que éste es. Romanos 12:14 lleva más lejos el tema del perdón, "Bendigan a quienes los persigan; bendigan y no maldigan". Este versículo no quiere decir que usted tenga que aceptar todo lo que le dicen y nunca ponga resistencia. Significa que usted bendice y ora, entregando a las personas a Dios, a la vez que se rehúsa a recibir su comportamiento o información nada saludables como que fueran su única opción. No siempre es fácil, pero puede ser efectivo, como lo ilustra la historia de Jana y Jason. Cuando usted está abierto a información nueva y a seguir buscando la respuesta correcta, Dios encontrará cómo guiarlo.

Kathy, quien constantemente se sentía abrumada con dos en sillas de ruedas y uno con necesidades de aprendizaje y de atención, dijo, "Usted tiene que seguir confiando en que Dios lo guiará. Siga orando y buscando el camino correcto para manejar las situaciones. Cuando se sienta agobiado y oprimido por algún sistema, ore y espere. Siga buscando. Finalmente estará mejor informado que la mayoría de las autoridades alrededor suyo porque usted está especializado en las necesidades de su hijo.

En un grupo de apoyo parte de una red, los asistentes pueden ser el mejor recurso con corazón de león. Cuando alguien no encuentra una respuesta hay muchas posibilidades de que alguien más ya haya hecho esa tarea y pueda ayudar. Es maravilloso lo especializados que se vuelven los padres al hacer redes con los recursos; pueden hacer una diferencia cualitativa en la vida de niños, los propios y los de otros. Su "rugido" en el entorno de un grupo en donde hay otros que piensan igual no se oye como un sonido recio, sino más bien como un consejo sólido y útil.

Como ellos, cuando usted se educa y adquiere experiencia en ayudar a su hijo con necesidades especiales, usted también puede hacer el rugido de un padre apasionado, perseverante, trabajador que ha descubierto unas joyas reales que hacen la diferencia para su familia y para la de alguien más.

RUGIDO A LOS LUGARES CELESTIALES

De todos los lugares en los que usted quiere que su rugido sea escuchado, el más importante es el lugar celestial. Ruja con la Palabra de Dios y el corazón de Dios. Ruja con los ángeles y delante del campo diabólico que se opone a lo que es bueno.

El mejor momento para ese tipo de rugido es en sus tiempos de oración. Dios puede escuchar un latido de corazón, hasta un susurro, pero es bueno rugir contra el enemigo de su alma mientras que a la vez reposa en el amor extravagante de su Padre celestial. Haga un rugido con sus declaraciones de la fidelidad de Dios delante del ámbito del mal, así como también aclame la fidelidad de Dios ante el mundo espiritual total. ¿Puede usted ver a los aguerridos ángeles de Dios respirar profundo, con la mirada fija y decidida al escucharlo a usted rugir, preparándose para batallar a su favor?

En el libro de Lucas capítulos 11 y 18 encontramos tres parábolas de oraciones en rugido. Aunque cada una está separada de las demás, sí están conectadas por el mismo tema: desvanecer debilidades en la oración.

En Lucas 11 está la historia de un hombre que viajaba de noche para evitar el agobiante calor. Él encontró el camino para llegar a la casa de un amigo, en donde pensó que podía encontrar alimento y albergue. Era alrededor de la media noche y estaba cansado y hambriento. La hospitalidad oriental habría obligado a su amigo a abrir la puerta y proveer para el agotado viajero. Pero en lugar de que prevalecieran la compasión y la amistad, se las negaron. Decidido, el amigo cansado no aceptó la negativa como respuesta. Continuó tocando y suplicando en una desvergonzada búsqueda de ayuda, hasta que el anfitrión cedió. Esta historia es una metáfora para la oración perseverante. Es una ilustración práctica de la oración tenaz que es más fuerte que lo que un amigo apático pueda estar dispuesto a ofrecer.

También en Lucas 11 está la historia de un guerrero fuerte pero malvado que pensaba que sus victorias estaban seguras, hasta que un guerrero más poderoso borró su fortaleza y capturó todas sus posesiones. El guerrero malvado y presumido representa al diablo. La conclusión de la historia está en el versículo 22. "Pero, ¿y si lo ataca uno más fuerte con armas superiores? Entonces le ganan en su propio juego, el arsenal en el que confiaba es capturado y sus preciadas posesiones saqueadas."* El guerrero más fuerte, dominante y

---

* N. de la T.: Traducción libre de la versión *The Message* en inglés.

victorioso es Jesús. Jesucristo es, obviamente, el Conquistador Vencedor. Por Su muerte, sepultura y resurrección, Jesús derrotó al enemigo y tomó el botín, saqueando rotundamente las posesiones del enemigo.

Como el vencedor en oración, usted asegura sus victorias en el ámbito celestial y descubre la fuerza sobrenatural de su Señor Jesús, lo que le permite perseverar en los lugares difíciles y exigentes. Está fortaleciendo el ordenador central de su identidad en Cristo y su dependencia en la gracia de Dios que le permite hacer lo que solo Él puede y quiere. Por ello, usted puede surgir más arriba y más allá de cualquier cosa que haya pensado que podía llegar a ser o lograr.

La parábola de Lucas 18 es la historia de la fe de una viuda desamparada en una situación imposible. Sus peticiones fieles son más fuertes que la maldad y la injusticia. El primer versículo trata de la fe que no se rinde, que se extiende constantemente en oración. "Ore. No desmaye. Nunca se rinda." Este tipo de oración, llamado la *oración insistente*, es persistente, nunca se rinde y emerge de un movimiento poderoso del alma dirigida hacia Dios.

La *insistencia* es la habilidad de sostenerse, presionar y esperar. Es el inquieto deseo junto con la paciencia reposada. Está sujetada tenazmente y es una pasión del alma. Tiene una cualidad de lucha que no viene de la energía física. Es implantada e impulsada por el Espíritu Santo. Insistir o importunar es presionar a los deseos con urgencia y perseverancia; orar con esa tenacidad que no se rinde, pero que, simultáneamente, suelta y deja ir.

La oración inoportuna personifica el atrevimiento. Significa libertad de la timidez que impide pedir una segunda vez. Es un rugido santo. Dios deja perfectamente claro en la historia de la viuda que nunca se dio por vencida, que nadie nunca debe sentir vergüenza de pedir o de seguir pidiendo. La historia afirma la confianza de cara ante las personas o situaciones intimidantes que hacen que parezca imposible conseguir la ayuda necesaria.

HISTORIAS DE VICTORIA

Las historias de victorias personales son poderosas. Al leer la siguiente historia, ¿puede escuchar el rugido de la viuda cuando presenta su caso? No, ella tal vez no haya sido irrespetuosa ni ruidosa. No tiene apariencia de ser poderosa en nada. No tiene a un defensor experto a su lado... sin embargo, ¿no le emociona esa frase condicionante: *aunque...*?

> Jesús les contó una historia a sus discípulos, para enseñarles que debían orar siempre y sin desanimarse. Les dijo: 'En una ciudad había un juez que no tenía miedo ni de Dios ni de la gente. Allí también vivía una viuda, que siempre lo buscaba y le decía: "Están violando mis derechos. ¡Protéjame!" Al principio, el juez no quería atender a la viuda. Pero luego pensó: "Esta viuda molesta mucho. Aunque no le tengo miedo a Dios y mucho menos a la gente, más me vale hacer algo y ver que reciba justicia—de lo contrario terminaré con un ojo morado por su insistencia."
>
> Luego el Maestro dijo, "Fíjense en lo que dijo ese mal juez, corrupto que es. ¿Creen ustedes que Dios no defenderá a las personas que Él eligió, y que día y noche le piden ayuda? ¿Creen que tardará Él en responderles? ¡Claro que no, sino que les responderá de inmediato! Pero cuando yo, el Hijo del hombre, regrese a este mundo, ¿acaso encontraré gente que confíe en Dios?"
> (Lucas 18:1-8) *

Tenga presente que esta historia, o parábola, ofrece un contraste cuando habla del juez. ¡Él no es como Dios! Él está siendo contrastado contra Dios. Dios sí ama y se interesa y Él no teme a las represalias ni considera que las oraciones suyas lo importunen.

La frase "clamar por ayuda" en el tercer párrafo de la historia, en el lenguaje original, significaba clamar por ayuda de manera tumultuosa—es decir, rugiendo. La única arma (herramienta) de esta mujer para pelear contra la gran injusticia era su rugido insistente.

---

* N. de la T.: Traducción libre de la versión *The Message* en inglés.

Pero usted tiene a DIOS de su lado, ¡no a un juez injusto! "Por eso también puede salvar por completo a los que por medio de él se acercan a Dios, ya que vive siempre para interceder por ellos." (Hebreos 7:25). Jesús vive para interceder por usted. ¡Ruge!

En esta parábola, Jesús habla acerca de la fe llena de oración persistente ante la oposición. El objetivo de contar la historia quedó explicado al inicio de la conversación (Lucas 18:1). Él quiere que sus oyentes siempre oren y no se rindan, o como lo dice otra versión de la Biblia, no desmayen. Esa es una imagen más descriptiva del tipo de perseverancia que Él describe.

Por lo general, uno no iguala el desmayar con la pereza. Es más común comparar el desmayar con estar agotado por trabajo, estrés o debilidad debido a un problema. Usted se siente identificado, sin duda. Tal vez así se siente luego de que termina el día. Esta parábola muestra a alguien que no tiene nada ni a nadie en quién confiar sino solo su propia persistencia y la pertinencia de su causa. Si usted está activamente involucrado en la crianza de su hijo con necesidades especiales, probablemente se sentirá identificado. Como defensor de su hijo, no todas las dificultades con los sistemas o personas a los que se enfrenta surgen por la injusticia, aunque sí hay algunos que requieren de perseverancia para seguir hacia delante.

La parábola enseña la perseverancia en la oración. No es necesariamente enseñar una repetición continua, sino una actitud de perseverancia que lo mantiene a uno en oración. Las oraciones pueden a veces ser como niños que juegan *timbra y corre*. Es un juego que disfrutan los más chicos para molestar a sus vecinos. Corren a la entrada de una casa, tocan el timbre y huyen a toda velocidad. En contraste con eso, la actitud perseverante sigue y sigue en lugar de tener poca esperanza, de orar rápido y luego huir corriendo. Esperar, cuando se trata de esperar en oración perseverante y confiando, no tiene porqué debilitar su determinación. Esperar puede fortalecer e inspirar la creatividad.

Las viudas tenían un lugar muy importante en tiempos del Nuevo Testamento. En tiempos del Señor en la tierra, las viudas eran menospreciadas un poco y con frecuencia se convertían en presa de personas inescrupulosas. Generalmente eran pobres, tenían pocos parientes –si es que alguno– que las protegiera y librara. Su única esperanza era acudir a quien impartiera justicia para que interviniera a su favor. A menudo, sujeto de lástima, las viudas eran mencionadas en la ley judía por su incapacidad de defenderse. Se exhortaba a las personas una y otra vez a que 'No se aprovechen de la viuda o del huérfano' (Éxodo 22:22-24; Deuteronomio 10:18; 24:17). La religión pura, creían los discípulos de Jesús, incluía el ocuparse de las viudas en su aflicción (Santiago 1:27).

Esta viuda estaba en el mismo pueblo que el juez. Ella había sido tratada injustamente y había acudido al juez buscando justicia. Aunque su causa era justa, el juez no le prestó atención a su caso. Pero ella insistió. Luego, finalmente, no porque a él le importara la justicia o la gente, sino simplemente para que dejara de importunarlo, ¡le dio lo que ella pedía! Hay poder en la persistencia.

Todo lo que Dios es, el juez no lo era. Dios es exactamente opuesto a este juez, en carácter y acción. Él es un Dios de compasión, consuelo y equidad.

Bueno, bueno, seamos francos aquí. Usted probablemente ha cuestionado a Dios en cuanto a Su definición de *pronta*. No deje que eso le impida insistir en su avance. Cuando esté tentado a rendirse, "No se preocupen ni tengan miedo por lo que pronto va a pasar" (Juan 14:27). Los de corazón fiel son probados con respuestas postergadas a sus oraciones y son tentados con rendirse en su actitud perseverante en la oración. ¡TENGA BUEN ÁNIMO! ¡NO SE RINDA! El diablo odia escucharlo rugir. Tal vez quiera pensar en la palabra *rugir* de la siguiente manera. RUGIR: **R**audo para s**U**perar ar**G**umentos e **I**deas del adve**R**sario. Su rugido alerta a los ángeles. ¡Y Dios se deleita en oírlo rugir!

La primera parte de la historia de Jana en este capítulo mostró su perseverancia. La segunda parte es esa vuelta que da el vencedor.

Jason, Jana, y los poderes establecidos (Parte 2)

La siguiente cosa importante era hacer que los niños con necesidades especiales fueran algo accesible. Lo que se decía en ese momento era que los sistemas escolares cerrarían todas las escuelas para necesidades especiales y colocarían a los niños en escuelas regulares. Yo analicé si funcionaría, pero era un error. Esta vez no era la única que tenía delante una pelea para defender a los indefensos. Tenía una escuela con padres y maestros muy cercanos entre sí que querían ayudar.

Para este momento ya me había casado nuevamente, así es que mi esposo y yo y otra pareja decidimos comenzar una organización llamada PASS, que en inglés significa Padres y Estudiantes Especiales. Otra madre y yo estábamos en la junta de la Asociación de Padres y Maestros y encabezamos gran parte de la lucha inicial. ¿Puede imaginarse a dos mamás decididas enfrentándose al sistema escolar? No era una imagen bonita porque ambas sabíamos quién tenía la última palabra y ese era el Hombre de allá, arriba. Así es que le enviábamos nuestras oraciones y reuníamos nuestra información y comenzábamos las reuniones con el superintendente del condado. También trabajábamos de cerca con la Asociación para Ciudadanos Retrasados (ARC, por sus siglas en inglés).

Al plantarnos con nuestra postura, el condado pudo ver el respaldo con el que contábamos. Tuvimos una reunión tras otra con el superintendente. Escuchamos y él habló. Informantes nos proporcionaban información oportuna para llevar a la mesa de discusión. Les resultó visible y real a los oficiales del condado que no nos íbamos a detener y que teníamos mucho respaldo. El periódico comenzó a reportar de esta noticia, también. Expresamos la idea de ir a mediación, así es que sabían que debían acudir a instancias superiores, al Superintendente Estatal.

Muchas veces oramos y Dios nos dio respuestas, aun de parte del sistema escolar. Aprendimos que si uno escucha y mantiene su corazón limpio y las emociones fuera, encontrará una manera a través del desierto que es el sistema y la estructura, que parecían estar frenando la justicia y las necesidades de las personas. El resultado fue un acuerdo mutuo. Acordamos encuestar a los padres, permitiéndoles expresar sus preocupaciones y preguntas. Al final de seis meses de reuniones, llegamos a un acuerdo que nos permitió mantener a nuestros hijos en la escuela de necesidades especiales.

Algunos padres se hacen la pregunta, "¿Por qué me está sucediendo esto a mí?" o "¿Qué hice mal para merecer esto?" pero no encuentran respuestas satisfactorias. Un conferencista motivador muy poderoso, Graham Cooke, dice que no debemos hacer la pregunta 'por qué' sino en su lugar preguntar a Dios, "¿Quién quieres ser para mí en esta situación y qué debo hacer yo?" No es sino hasta que enfrentamos una situación que va más allá de nosotros mismos que nos abrimos al hecho de que no todo se trata de nosotros, sino que se trata de quién Dios es y cómo quiere revelarse a Sí Mismo.

Antes dije que Dios tiene un propósito redentor en todo, pero que depende de nosotros encontrarlo y participar para conseguir dicha redención. A través de mis luchas, puedo ver no solo quién es Dios, sino también quién es Él por mí en mi situación y lo que Él es me muestra lo que yo necesito hacer. ¡Él también está redimiendo lo que fue robado de la vida de Jason y está cambiando algo terrible en algo lleno de la gloria y redención de Dios!

Ahora, acá está el resto de la historia de Dios para Jason. Después, en una ceremonia en la escuela, el superintendente estaba con Jason y conmigo, platicando cordialmente con nosotros. En ese momento yo estaba embarazada con el hermano menor de Jason, Joseph. Los ojos del hombre se abrieron redondos cuando se percató de mi embarazo, pero yo simplemente le dije, "Sí, tengo otro hijo que traeré al sistema. Maravilloso, ¿no?"

FE PERSEVERANTE

En Lucas 18 se hace la pregunta, ¿cuánto de ese tipo de fe persistente encontrará el Hijo del hombre cuando vuelva? Pregunta importante ésa. Significa que Él buscará a esos que tengan fe perseverante—que sigan batallando en la fe, sigan aferrados, firmes y creyendo en lo que es correcto en medio de la injusticia.

Marcos 11:22-24 hace un encargo solemne, a pesar de la oposición y pruebas, para mantener la fe –la fe de Dios– viva. ¡Manténgala viva en la actividad diaria de la oración!

Dios está bendiciendo su estilo de vida de confiar en Él para la salvación, defensa y provisión, sin importar a qué obstáculos se enfrente. Si descubre que está desilusionado por las amistades personales, autoridades difíciles, opresiones demoníacas, o hasta injusticia impía, su mejor arma, como con la viuda y con Jana, es permanecer fuerte y firme, perseverante en la fe.

ORE

Esta oración, una declaración de fe, responde la pregunta de Jesús en Lucas, capítulo 18.

> Jesus encontrará fe cuando vuelva otra vez. Sin importar qué vea ahora, elijo creer que habrá personas bendecidas en abundancia que escucharán la Palabra de Dios y la mantenderán al permanecer en la fe. Perseverarán hasta el final, confiando en Dios y el Padre. Sí, las multitudes vivirán en la conciencia motivada por la relación Padre e hijo con Dios. Cada oración que cree es un paso más cerca a la victoria final. Sí, madurará el fruto, conquistará los obstáculos del mundo no visto y apresurará el retorno de Jesús nuestro Señor. Sí, como hijo de Dios, elijo dar tiempo a mi Padre. ¡Él es paciente conmigo y yo seré paciente con mis oraciones!

Las tres parábolas de la oración en el libro de Lucas se centran en derrotar las debilidades en la oración al mostrar en dónde se puede encontrar la fortaleza. Dios está con usted. Anímese a perseverar en esa comunión y comunicación de un corazón entregado con su Padre celestial. Es hora de abrazar las promesas del Señor, continuar en oración y pelear la buena batalla de la fe con un rugido santo que asciende al ámbito del cielo.

REFLEXIONE

1. ¿En qué ha perseverado usted en oración y visto que Dios ha intervenido en el resultado?

2. ¿Cuál oración de fe tiene en mente ahora mismo, pero que no ha formulado para hacerla un rugido?

Capítulo 10

Las semillas robustas crecen en cualquier lugar: ¿Ya es primavera?

De la desilusión, condenación e insatisfacción
a la gratitud, alabanza y contentamiento

Los padres enfocados y trabajadores se encuentran investigando, investigando e investigando una vez más por las respuestas que necesitan. Hacen lo que sea para que la vida de su hijo pueda ser un jardín saludable, que crece. Anhelan una cosecha abundante para sus seres amados. Harán casi cualquier cosa por optimizar el potencial del jardín de su hijo. La etapa de *adaptación* es larga y, sin mucha advertencia, puede regresar en espiral a los sentimientos de las etapas iniciales de *supervivencia* y *búsqueda*.

Cuando la investigación de la etapa de *adaptación* continuamente hace que los padres trabajadores comparen a su hijo con una miríada de otros con el mismo diagnóstico o necesidad similar, puede ser que su esperanza de ese jardín se marchite. Los cambios climáticos en casa pueden pasar de días calurosos y soleados con leves lluvias a un inminente frente frío severo. Cae la presión atmosférica y el viento se hace más fuerte a medida que el frente frío llega al alma, drásticamente bajando la temperatura emocional. El frío extremo de un invierno gélido se avecina—otra vez. ¿Cómo van a florecer las flores saludables?

SEMILLAS DE DESCONTENTO

El deseo de comparar continuamente el progreso de su hijo al progreso de otros puede llenar de maleza la buena tierra que usted ha sembrado con las semillas de descontento. Las comparaciones constantes pueden convertirse en un enemigo formidable de su contentamiento. Muchos padres pierden todo el terreno que sufrieron limpiando. La verdad es que lo que se fue está en el pasado. Lo que queda podría parecer como nada más que pequeñas semillas, pero son el grano que permite volver a sembrar.

Enfocarse en hasta la evidencia más pequeña de algo bueno y no en lo que se perdió, es transformador. ¿No está seguro? Por supuesto, igual le sucedió al poderoso guerrero de Dios, Gedeón, antes de que Dios cambiara su mente y alterara su experiencia.

Lea la historia de Marvie y su hija, y vea lo que sucedió cuando ella comparó su situación con la de su vecina, permitiendo que crecieran las semillas del descontento.

Las lágrimas de Marvie

Marvie tiene una hija de cuatro años de edad, Alicia, con debilidades mentales y físicas severas. Ella se agita violentamente de un lado a otro cuando intenta comunicarse. Durante esos momentos, solo su mamá o papá tienen idea de lo que necesita o quiere. Marvie y su esposo pueden entender algunos de los gruñidos y señas de su hija, pero la mayoría de las veces, ellos también están demasiado perplejos.

Al inicio, fluían lágrimas por sus mejillas cuando veían los intentos y obvia frustración de Alicia con la tarea que tenía delante. Después de todo, su vecina calle abajo, era madre de un niño con un diagnóstico similar y, comparado con el progreso de la vecina, Marvie sentía que ella y su esposo estaban bastante atrasados. El agotamiento y el temor comenzaron a tomarse de las manos, arrastrando a los padres de Alicia a un espiral de depresión que culminó con resignación fatalista.

Sentada en su silla, a solas en la sala, Marvie se quedaba viendo a la nada, y luego con el cuerpo entero en arcadas, tenía lo que ella describía como llanto convulsivo. Hablándose a sí misma, ella intentaba pasar a una respuesta más calmada al hacerse una reprimenda severa, "¿Qué crees que estás haciendo, Marvie? Deja de llorar. ¿Qué bien viene de ello? Deja de hacerlo." No les veía valor a las lágrimas y dudaba que volvería a sentir contentamiento otra vez.

El caso de Marvie es extremo, pero sí señala que la comparación y la resultante auto-condenación pueden ser peligrosas. Pero las lágrimas por sí solas no son el problema. Cuando vengan las lágrimas –y vendrán– es bueno recordar que las lágrimas no son tan malas. Pueden ser muy positivas, un efecto de irrigación en la vida de su familia. Cuando vengan las lágrimas, por favor sepa que usted no necesariamente está perdiendo la razón.

Cuando se poda una vid, la savia que supura de los cortes puede lucir como que la vid está llorando. Una amiga, Cindy Steinbeck, autora de *The Vine Speaks*, compartió conmigo su comentario acerca de la poda. La savia es energía, la vida de la vid fluye de la herida provocada por las tijeras de jardinero. La herida habla fuerte, pero igual lo hace la energía que fluye de la vid. La vida de Cristo obra en nosotros y a través de nosotros, aun cuando no tenemos energía para seguir adelante. Su vida está viva en nosotros. Efesios 3:20-21 dice, "Al que puede hacer muchísimo más que todo lo que podamos imaginarnos o pedir, por el poder que obra eficazmente en nosotros, ¡a Él sea la gloria en la iglesia y en Cristo Jesús por todas las generaciones, por los siglos de los siglos! Amén".

LAS LÁGRIMAS SE COMUNICAN

Es natural llorar. Es saludable llorar de vez en cuando. Es común que unas horas o días avancen en estado de pacífico contentamiento y luego, ¡cataplum, crash, fuera abajo! y allá va usted exasperado por las realidades que provocan caos, pena, dolor, comportamiento que hace polvo a otros y una necesidad impactada por el pánico. ¡Es desgastante, sin duda! Una vez más, su ser interior grita, "¡No estoy hecho para esto! ¡No es justo!" Una vez más, las lágrimas le llenan los ojos.

La mayoría de la gente se siente mejor después de llorar. Es terapéutico. Si busca en la internet la palabra *lágrimas* encontrará estadísticas muy interesantes. Las personas por lo general se sienten más calmadas, más relajadas después de llorar. Las lágrimas pueden ser sanadoras y restauradoras. A menudo las lágrimas son la forma de llorar la pérdida de algo y luego soltar, avanzar en el proceso y cambiar de perspectiva. Después de llorar, es común sentir que quiere recostarse y descansar. La necesidad es real. ¿Cuándo fue la última vez que usted lloró con ganas? ¿Cómo se sintió después?

Es bueno saber que las lágrimas no tienen por qué disolver el contentamiento, más bien lo ayudan. Otra palabra para *contentamiento* es *suficiencia*. Durante las pruebas de vida o muerte o profundas desilusiones, es posible experimentar una creciente suficiencia para manejar las crisis. El apóstol Pablo escribió, "Sé lo que es vivir en la pobreza, y lo que es vivir en la abundancia. He aprendido a vivir en todas y cada una de las circunstancias, tanto a quedar saciado como a pasar hambre, a tener de sobra como a sufrir escasez" (Filipenses 4:12). Es cierto que él no era papá, pero sus necesidades amenazaban su vida misma y sus descubrimientos son válidos para cualquiera.

Las lágrimas son el recurso de Dios para que los humanos liberen sus emociones y para hacer una declaración. En Salmos 126:5 nos consuelan estas palabras: "El que con lágrimas siembra, con regocijo cosecha". Las lágrimas comunican. Pueden ser señales no solo para usted, sino para los que están presentes durante sus momentos de llanto.

Más importante, sin embargo, es que Dios ve sus lágrimas y considera su situación. Jesús oró llorando, expresando Su anhelo porque la familia de Dios se amará unos a otros profundamente e hicieran el tipo de decisiones que traerían vida, belleza y bendición. Hebreos 5:7 nos permite espiar la vida de oración de Jesús: "En los días de su vida mortal, Jesús ofreció oraciones y súplicas con fuerte clamor y lágrimas al que podía salvarlo de la muerte, y fue escuchado por su reverente sumisión".

Jesús lloró fervientemente con seria preocupación por aquellos a los que Él había venido a salvar, librar, sanar y restaurar a una relación saludable y amorosa con Dios el Padre del cielo. El versículo más corto en la Biblia (Juan 11:35) dice, "Jesús lloró" y solo eso. Él lloró y fue escuchado. Usted llora y es escuchado.

El apóstol Pablo describe su vida de servicio a Dios como una de gran sufrimiento y a menudo, fluían las lágrimas con profundo y sincero amor por las personas. Hechos 20:19 registra estas palabras: "He servido al Señor con toda humildad y con lágrimas, a pesar de haber sido sometido a duras pruebas...". El rey David, en Salmos 56:8 clama a Dios, "Toma en cuenta mis lamentos; registra mi llanto en tu libro. ¿Acaso no lo tienes anotado?"

La terapeuta Michelle Phillips enfatiza el amor sincero en estos versículos. "Las lágrimas de Jesús y Pedro hacen referencia a sus lágrimas de lamento por otros. Los padres a veces lloran por amor a sus hijos cuando los ven sufrir. Otras veces lloran por ellos mismos, sus propios sueños perdidos, la carga del querer, o de la variedad de respuestas emocionales profundas. Dios sana en ambos casos."

Las lágrimas hacen la diferencia. Sus lágrimas quedan registradas en el cielo. No permita que solo irriguen las semillas no deseadas del descontento. Entrégueselas a su Padre en el cielo. Él sabrá usarlas para bien.

EL PELIGRO DE LA COMPARACIÓN SIN CONTROL

La terapeuta Michelle Phillips menciona que en la Biblia hay muchos salmos que David escribió que utilizan comparaciones. "David (un hombre conforme al corazón de Dios) tenía un problema con la comparación. Muchos de los salmos comienzan con '¿Por qué, Dios?' pero terminan con alabanza al cambiar la perspectiva de David. ¿No es ese el secreto del contentamiento, el alejarse de 'No sirve de nada servir a Dios' a 'Tengo una comisión de lo alto' y a 'Con cada aliento serviré al Señor'? He aprendido que todo lo que Dios me da, mis fortalezas y debilidades, me han sido dadas para completar mi llamado singular."

Malaquías 3:14-15 registra la respuesta del profeta Malaquías a lo que la gente decía y que desagradaba a Dios; sus comparaciones sembraban semillas de descontento. "Ustedes han dicho: 'Servir a Dios no vale la pena. ¿Qué ganamos con cumplir sus mandatos y vestirnos de luto delante del Señor Todopoderoso si nos toca llamar dichosos a los soberbios, y los que hacen lo malo no sólo prosperan, sino que incluso desafían a Dios y se salen con la suya?'"

Las personas en días de Malaquías comparaban sus vidas con la de los que los rodeaban. Su actitud se basaba en estas comparaciones y en lo que percibían en lugar de lo que Dios les revelaba. Sus comparaciones los llevaron a conclusiones equivocadas. Dios ve. Dios oye. Dios se interesa.

Sucede. De vez en cuando, usted compara su paternidad con la de sus amigos. Usted se siente como que va por ahí fatigosamente día tras día para alguien que tal vez no entienda, o entienda muy poco, su sacrificio. Todos los padres son poco apreciados hasta cierto punto, pero los padres de los niños con necesidades especiales sienten ese anonimato más intensamente. Ignorado. No apreciado. Nadie tiene ni idea. Tanto que se hace tras bambalinas. ¿Vale la pena? ¿Cuánto es suficiente? ¿Terminará algún día? ¿Puede una persona verdaderamente encontrar el contentamiento pasando hora tras hora haciendo incontables tareas que nunca terminan, minuciosas y monótonas?

Su situación simplemente no parece justa. La vida *sí tiene* muchas desigualdades y enigmas. La pregunta es, ¿qué hacer al respecto? ¿Será que esta molesta conciencia del tema se convierte en un enemigo de la medalla del honor que solo usted y su Padre celestial conocen? Probablemente sí, pero usted puede vencer esta perspectiva (Romanos 8:18; 2 Corintios 4:17; 10:12).

Melanie describió cómo pasó de ser un desafío extremo a un honor gratificante.

> En su mayoría en mi caso, eran otros los que parecían comparar mi trabajo como madre contra el trabajo que ellos hacían como papás de niños normales. Y mi maternidad siempre quedaba corta cuando se usaba la conducta de mis hijos como regla. Pero de vez en cuando, me preguntaba cómo mi propia incompetencia había contribuido a la falta de desarrollo que yo podía discernir con tanta facilidad en mis hijos, especialmente en su desarrollo espiritual.
>
> Una amiga compartió conmigo acerca de orar con sus hijos por sus opciones académicas. Ella describió la sinceridad de ellos y era algo con lo que quería regocijarme, sin embargo,

me encontré comparando la amargura de mi hija hacia Dios por no sanarla. Y comparé a mi hijo y su desesperada necesidad de aceptación de sus compañeros, algo que truncaba su hambre espiritual de tal forma que nada que yo le dijera podía superarlo.

La historia de mi amiga provocó dolor en mí, un dolor que amenazó con sepultarme en la vergüenza. La comparación no solo desvalorizaba mis esfuerzos, sino que también trivializaba el progreso de mis hijos en su fe. Finalmente llegué a una importante conclusión. Aunque su desarrollo lucía muy diferente, su viaje de fe era igual de conmovedor.

El fruto de reflexión es la revelación de la naturaleza de la raíz. Cuando uno reconoce esa espiral de desvalorización y vergüenza, es hora de desarraigar algunos pensamientos para quitar la comparación y regocijarse en sus propias mini victorias. Después de todo, la Escritura nos enseña que, aunque fue Pablo el que sembró y Apolo el que regó, fue Dios el que trajo el crecimiento.

Las comparaciones pueden ser un tremendo desafío a vencer. Considere estas palabras de una canción cristiana que anima a quienes no pueden entender qué ocurre: "Cuando no puedas seguir Su mano, confía en Su corazón". Sí, usted ora por un milagro y por lo mejor de Dios. Al mismo tiempo, es imperativo aprender a encontrar contentamiento sin comparación mientras sigue amando y sirviendo a su hijo. Sí, vale la pena. Sí, es gratificante.

La terapeuta Michelle Phillips nos da una palabra de consejo y una historia.

Una manera de evitar las comparaciones no autorizadas es ver con quién se relaciona. Elija a sus amigos con sabiduría. Sé historias de personas que Dios ha usado de formas maravillosas. Una: Matthew nació con parálisis cerebral y discapacidades intelectuales. Aconsejaron a sus padres (pastores) que lo internaran en una institución. En lugar de ello, lo mantuvieron como parte de la familia y parte de la familia de la iglesia. Al inicio, muchos oraron por su sanidad.

Matthew tenía un talento especial. Podía recordar el nombre de las personas y la fecha en la que las había conocido. Detenía a las personas en sus conversaciones para preguntar, "¿Quién es número uno?" e insistía hasta que la persona respondía, "Jesús es número uno". A veces, les recordaba a las personas que oraran. A menudo le decía a la gente, "Ora por Bob y Michelle".

Cuando falleció como resultado de una convulsión cuando estaba en sus veinte años, la iglesia estaba llena al máximo con personas que lo habían conocido a lo largo de los años. Él ciertamente tocó a más personas de manera significativa que lo que yo esperaría poder llegar a hacer.

En la historia del libro de Malaquías, las personas se comparaban a sí mismos con los que ellos consideraban que no estaban sirviendo a Dios, celosos por lo que sucedía en sus vidas. Sus malos sentimientos crecieron hasta ser una queja de descontento. Sus comparaciones llegaron a la conclusión de que los no merecedores estaban disfrutando de los placeres de la vida más que ellos. Su discordia, enojo y resentimiento fueron desagradables a Dios.

El apóstol Pablo, en Gálatas 5:25-26 advierte contra las comparaciones diciendo, "Si el Espíritu nos da vida, andemos guiados por el Espíritu. No dejemos que la vanidad nos lleve a irritarnos y a envidiarnos unos a otros".

A este pensamiento, la terapeuta Michelle Phillips añadió, "Dios no ve la magnitud de nuestros logros como los ve el mundo o como los vemos nosotros a veces. Él ve nuestra fidelidad en la tarea que nos ha encomendado".

Al incrementar el valor de su "medalla de honor secreta" y eterna, la necesidad de buscar honra y popularidad de sus compañeros disminuirá, causando que su sentido de contentamiento crezca. ¡Qué alivio!

El contentamiento está enraizado en el suelo de la gracia. La gracia es un favor inmerecido, un regalo de Su Espíritu que no puede ganarse ni aprenderse. Es su presencia poderosa la que le permite convertirse en un hombre o mujer con un espíritu excelente. Por Su gracia, Su presencia poderosa usted es capacitado para ser lo que Él lo ha llamado a ser. Es favor que usted no se ha ganado, es una habilidad que va más allá de la suya propia. Le permite apoyarse en el Invisible.

La vida *no es* justa. El contentamiento sí. Es lo opuesto a la comparación.

DETERMINACIÓN VALIOSA

¿Cómo se determina el valor? La sociedad dice que una persona es valiosa *si* –y luego añade una larga lista de logros después del *si*. La tentación de ver a su hijo con necesidades de desarrollo como insuficientes y desagradables es natural. ¿Será que estas comparaciones abren la puerta para que usted piense, "¿De qué sirve servir a Dios *si* esto es lo que recibo a cambio?"

De todas formas, usted no siempre dirá justo lo correcto aun con la motivación perfecta. Recuerde, Dios perdona sus peores quejas, incluso cuando se queja de Él. Pregúntele.

Usted es extremadamente valioso. Él lo ama con amor eterno. Puede ser que esté desilusionado o triste, pero no se permita a sí mismo –ni a su perspectiva de su hijo– quedar dañado permanentemente por las comparaciones. La gracia le permitirá ver lo que Dios ve y valorar lo que Él valora. Su paz y contentamiento cada vez mayores, como resultado de ello, asombrarán a sus amigos cuando usted sirva y ame, indistintamente de cuántas necesidades tenga su hijo en comparación con otras familias. Más importante, el cielo se regocija por su elección.

Cuando las comparaciones determinan que otros parecen estarla pasando mucho mejor, Kerry dice que ella respira profundo y busca otro pensamiento—uno más saludable. "Clamo a Dios. Le digo, 'Ayúdame, Espíritu Santo. Elijo Tu punto de vista. Ayúdame a plantar la elección de calidad al obviar esas reacciones malsanas y del alma'. Es inexplicable la diferencia que Él hace. En fe, con oración y agradecimiento, estoy aprendiendo a confiar en que las aguas vivas del Espíritu Santo me ayudan y me guían a la 'paz que sobrepasa todo entendimiento' (Filipenses 4:7) y a la 'piedad acompañada de contentamiento' (1 Timoteo 6:6)."

ACTITUD DE GRATITUD

"¿En serio? ¡Yo pensé que esto había terminado! ¡Acá vamos otra vez!", dijo Gary con un suspiro. "Si usted es en alguna medida como soy yo, cuando se siente abrumado, puede ser que hable sin pensar y diga cosas negativas. Siente lo que está diciendo, al menos cuando lo dijo. Después, llega a la conclusión de que el arrebato de negatividad no solo no rinde ningún beneficio, sino que le roba más de lo que usted está dispuesto a dar."

Chuck y Melanie, padres de dos hijos con necesidades especiales, comparten sus ajustes actitudinales externos e internos.

> Chuck:
> Como papá, puedo pensar en las múltiples veces en que me he equivocado con los chicos. Por ejemplo, en esas ocasiones en las que nuestro hijo le hablaba de forma irrespetuosa a mi esposa, me enfurecía. Mi esposa y yo acordamos anticipadamente cómo manejaríamos calmadamente las situaciones de conflicto como esas, pero aun así yo de todas formas aparecía como un águila graznando, lanzándome de picada y creaba una situación nada efectiva y de derrota devastadora, estropeándolo todo otra vez. Al meditar después en mi forma de manejar las situaciones, tuve que admitir cuándo y dónde había cruzado el límite. No puedo pensar en ningún caso en el que no haya regresado después, con la cola entre las patas, a mis hijos a explicarles que papi se había equivocado. Otra vez. He hecho de la frase "¿Me perdonas, por favor?" una parte redentora de mi trabajo como padre, no solo diciendo la frase simple de "Lo siento". El resultado es que he podido hacer las paces conmigo mismo, incluso en medio de lo que percibo como mis fallas.

> Melanie:
> He aprendido el valor extremo de disciplinar mi boca. Creo que nuestras palabras envían ángeles en misiones. Nuestras palabras pueden afectar la calidad de nuestra vida o traer una

sentencia de muerte, invadiendo la posibilidad de que la familia tenga bienestar. Nuestras palabras alinean el cielo con la tierra. Hace mucho hice el pacto de usar mis palabras muy, pero muy cuidadosamente cuando corregía a mis hijos en medio de ese sentimiento de agobio. Mi temperamento es controlado y batallo más con dirigir mi mente para que esté libre de la influencia del corazón que lo que batallo con equivocarme con mis emociones y con mi boca.

Recuerda usted el poema para niños, "María, María, todo contraría, ¿cómo crece tu jardín?" En el poema, en el jardín de María crecían campanillas y conchas de berberechos y todas las cardaminas en una sola fila. La realidad es totalmente otra. La verdadera respuesta a lo que crece en el jardín de María sería más parecida a "casi nada". De las actitudes contrarias solo crecen conflictos y respuestas incompatibles (Gálatas 5:17).

Cada historia de este capítulo revela que sembrar semillas de descontento en sí mismo o en otros no produce nada bueno y neutraliza su habilidad dada por Dios para sobresalir. Una semilla robusta, resiliente, es una semilla que se nutre de los recursos celestiales y, por lo tanto, puede producir una cosecha saludable de gratitud que hace crecer el contentamiento.

El contentamiento no es una mariposa ilusoria. Es algo alcanzable. Usted ha elegido aceptar las transiciones de identidad, con lágrimas y todo. Usted sabe que la experiencia más profunda de la gracia de Dios es un viaje continuo. El significado de ese viaje está emergiendo. Se está haciendo más gratificante, verdaderamente valioso, aun cuando hay retrocesos, cuando hace comparaciones y se queja. Aun si usted no lo siente ahora, puede anticipar lo positivo, que un día usted se encontrará a sí mismo refiriéndose a la paternidad como un privilegio, uno respaldado por una actitud de agradecimiento. Con una pequeña sonrisa interna y un corazón agradecido, reconocerá que el nuevo crecimiento surge desde el suelo. Cuando suceda, alterará su percepción, la transformará. Su corazón alerta encontrará que hay gratitud oculta en las grietas de la vida cotidiana.

El libro *One Thousand Gifts* por Ann Voskamp es un desafío para vivir plenamente justo ahí donde se encuentra. Le da consejos de cómo abrir la puerta al milagro del gozo santo al encontrar gratitud en lugares neutros, cotidianos y naturales. Cuando lo acepta, su sentido del valor de la vida se ensanchará a medida que usted se adentra en las riquezas que la actitud de agradecimiento le ofrece. Cada actitud de aprecio, cada sonrisa inspirada en el agradecimiento siembra semillas—semillas fuertes, incorruptibles, ganadoras de premios—en el jardín de su alma.

Usted y su hijo son hijos valiosos de la familia de Dios, con un propósito y destino eternos y divinos. Usted, como padre, está creciendo en un proceso dinámico de transformación. Ese viejo refrán, 'Florece donde te planten' le muestra cuál es ese lugar en su propio jardín personal. Por supuesto, todo jardín tiene maleza, días de sequía y a veces, exceso de riego. Un jardinero experimentado que amorosamente vela por sus plantas, hace toda la diferencia en la salud y belleza de la vida de un jardín. Confíe en Él.

Santiago 5:7 dice, "Por tanto, hermanos, tengan paciencia hasta la venida del Señor. Miren cómo espera el agricultor a que la tierra dé su precioso fruto y con qué paciencia aguarda las temporadas de lluvia". En Juan 15:1 leemos, "Yo soy la vid verdadera, y mi Padre es el labrador".

En 2 Timoteo 2 Pablo anima a Timoteo a enfrentar sus batallas al usar varias metáforas que Timoteo podía entender. Pablo habla de ser un buen soldado y un excelente atleta y luego le indica a Timoteo que comience a pensar como labrador. Timoteo sabe que el trabajo agrícola es trabajo arduo. Entonces Pablo le da la promesa para el final del día en el versículo 6: "El labrador que trabaja duro tiene derecho a recibir primero parte de la cosecha".

Viene la recompensa. Si usted ha labrado la tierra, sabrá que es un trabajo malagradecido durante muchos meses hasta que los primeros brotes comienzan a asomarse por la tierra. Está bien, de vez en cuando el surco le quedará torcido en su actitud, pero su meta es continuar haciendo lo que usted sabe hacer de la mejor manera posible. Esta Escritura es la promesa personal de Dios para Timoteo, que al poner su mano en el arado y trabajar duro, vendrá una recompensa. Esa promesa es Su promesa especial para usted, también.

La gracia y perdón en Cristo tiene espacio para actitudes y palabras negativas cuando usted tiene dolor o confusión emocional. Dios lee el corazón más allá de las palabras. Él entiende sus desesperadas súplicas por respuestas. Recuerde, Él no está sentado en el cielo sosteniendo un bat de juicio, alistándose para batearlo si usted dice o hace algo que le desagrade. Simultáneamente, Él sabe cuáles son los beneficios personales disponibles cuando usted se pone de acuerdo con Sus palabras, Sus caminos y el valor de Su sacrificio. Jesús es el ejemplo. Piense en lo que Él sacrificó para hacerlo entrar en la familia muy cercana de Dios.

No se equivoque. ¡Su labor como padre o madre es un acto de servicio, honra y amor a Dios! Dios valora lo que usted hace y lleva registro de los sacrificios, sufrimientos y trabajo intenso. Usted es un olor fragante, una luz brillante de Su gloria, un destacado ejemplo de Su bondad cada día cuando usted lo sirve a Él al amar a su hijo, sembrando esas semillas robustas, dadoras de vida para servir en fe, esperanza y amor.

Sus recompensas ya vienen y son eternas. Colosenses 3:24 le recuerda, "conscientes de que el Señor los recompensará con la herencia. Ustedes sirven a Cristo el Señor". Mateo 6:4b lo explica así, "Así tu Padre, que ve lo que se hace en secreto, te recompensará" (Mateo 6:4; 6:18).

SECRETO REVELADO

Las personas fueron creadas para vivir en un jardín eterno e increíblemente hermoso que la Biblia llama el jardín del Edén. Con razón la naturaleza y su belleza extravagante ministran al alma. Originalmente fuimos creados para vivir los días en la fragancia exquisita y bellísimos colores de un jardín magnífico.

El hecho de que la vida es eterna nos presenta un cambio enorme de paradigma al asignarle valor a las tareas diarias. Lo que es insignificante o aún peor, lo que produce lástima, es honrado y premiado por su Padre celestial, Su Hijo Jesús y su guía consolador, el Espíritu Santo. Sus actos de amor hechos en secreto son preciosos para Dios y para otros que tienen el corazón para entender.

Su presencia poderosa es lo que hace la diferencia. Eso es gracia. Las desilusiones son reales y, sin embargo, no desfiguran el contentamiento que está bien enraizado. La historia de Connie explica este secreto revelado.

El jardín

La familia de Connie decidió sembrar un jardín con rábanos, zanahorias, maíz, lechuga, tomates y espinaca. Su hijo, Walter, estaba tan emocionado, que excavó un pequeño agujero con sus manitas, justo del tamaño de la semilla. Cada día durante una semana, le rogaba a su mama que saliera a ver si algo había crecido. Por supuesto, todo el crecimiento estaba bajo tierra.

Un día, el pequeño Walter se asomó por la verja del jardín. Pudo ver la parte superior verde de las zanahorias y los rábanos asomándose por la tierra. Cuidadosamente se movió de puntillas entre los surcos, volteando a ver hacia atrás cada cierto minuto. Arrancó el rábano para ver cómo iba progresando. No, apenas era una bolita roja arrugada que todavía no parecía un rábano. Luego desenterró una zanahoria y su raíz se veía como un hilo naranja delgaducho. Nada que pudiera comerse.

¿Y ahora qué? Necesitaban más tiempo en la tierra. Así es que Walter los enterró otra vez, pensando que terminarían de crecer hasta que un día se convirtieran en vegetales grandes, carnosos y sabrosos.

No ocurrió. Sus acciones impacientes, al arrancar esos dos vegetales tiernos, detuvieron su crecimiento. El impaciente Walter no pudo disfrutar de todos los rábanos y zanahorias sembrados.

Definitivamente es una tentación preguntarse acerca de la semilla. ¿Cuánto tiempo va a tardar en mostrar fruto? Pero, cuente con ello. Algo saludable está creciendo debajo de la superficie. Usted está siendo transformado. ¿Está convencido ya? Si se les da el tiempo, los pequeños brotes comienzan a aparecer. La estabilidad interna, que calma el alma con apacible contentamiento, está madurando aun cuando nada afuera sea visible. Usted podrá disfrutar de su abundancia. Siga plantando semillas saludables y permita que crezca la paz de Dios y la gracia multiplicada. Las semillas robustas podrán crecer y producir cultivos deliciosos y nutritivos en cualquier lado.

***

La semilla robusta

¡Vea eso!
¡Increíble!
¿Cómo pudo crecer esa flor
en esa pequeña ranura?
No hay nada de espacio y
aun así, vea cómo florece.

Le apuesto que nada puede detener
a esa semilla robusta.
Supongo que encontró un rayito de luz
y se abrió camino.
¡Qué belleza!

***

CÓMO HACER CRECER EL CONTENTAMIENTO

El deseo de Dios de darle una gran medida de Su paz personal va más allá de lo que usted pueda imaginar. Como dije, es un regalo, pero también crece con la práctica. Filipenses 4:7 lo dice así, "Y la paz de Dios, que sobrepasa todo entendimiento, cuidará sus corazones y sus pensamientos en Cristo Jesús" y Filipenses 4:9, así, "Pongan en práctica lo que de mí han aprendido, recibido y oído, y lo que han visto en mí, y el Dios de paz estará con ustedes".

Kerry estaba segura de que debía de haber una manera para hacer crecer el contentamiento en medio de todos sus desafíos como madre. Investigando descubrió que la paz era la fiel acompañante y amiga del contentamiento. Parecía lógico que ambos crecieran juntos. De hecho, ella se refería al contentamiento y a la paz como los mejores y más felices amigos.

Y se fue en búsqueda de su sabio consejo. Leyó libros y poesía. Pasó tiempo contemplando pinturas de tranquilizadores paisajes y abundante tiempo leyendo las Escrituras acerca de la paz y el contentamiento. Un día anotó sus meditaciones y de ellas emergió un "ajá" bien arraigado que silenció su angustia y calmó sus anhelos. Ella escribió:

> La paz se aprende.
> Pero, ¿no es la paz un regalo de Dios?
> Sí.
> ¿Cómo es que ambos son verdad?
> La paz es una ocupación del alma y el espíritu.
> Un arma en la que se puede confiar.
> Sus cicatrices de batalla se ven debajo de la superficie.
> La paz es tanto un regalo como un proceso.
> Se nutre en la relación con Dios en dulce comunión.
> ¿Qué es la comunión?
> La comunión es ser coherederos, paisanos,
> y colegas que responden al Dios de la creación.
> La paz nace del entendimiento
> > con la paciencia como su padre;
> > y su madre, la esperanza;
> > nutrida por fe,
> > y diestra en sabiduría.
> El contentamiento y la paz son los mejores amigos.
> Su perspectiva del espíritu eterno construye un refugio de reposo.
> Ahhhh, esa es la paz a la manera de Dios.
> Ese es el contentamiento celestial en la tierra como en el cielo.

Servir tal vez no se sienta como una vida gloriosa, especialmente en esos momentos monótonos y repetitivos. Pero para su Padre celestial, revela Su amor por la humanidad. Se encuentra en el código de ADN de su espíritu: es brillante y eternamente gratificante.

ORE

Padre Dios, ayúdame a tener una mente más saludable al procesar los múltiples desafíos extremos de la vida que me tientan para ir tras actitudes deformadas que me llevan a quejarme, a sentir celos de otros, amargura, debilidad, desilusión y a una erupción volcánica emocional. Creo que la sangre de Jesús me limpia de los efectos negativos de mis respuestas cuando le pido a Él y cuando estoy agradecido por el perdón y la liberación una vez más. Elijo seguir la guía del Espíritu Santo, Señor, y confiar en Su poder que hace que mi vida sea fructífera.

¡Qué pensamiento ese, Señor! Anhelo sentirme fructífero en mi vida y en mí mismo. Ansío crecer en tu medida personal de gloria para mí. ¡Qué regalo! Estás haciendo más hermoso mi jardín. Ayúdame a valorar lo que hago desde tu perspectiva y a hallar contentamiento al irrigar yo la mía. Clamo las palabras de Salmos 19:14, "Sean, pues, aceptables ante ti mis palabras y mis pensamientos, oh Señor, roca mía y redentor mío".

REFLEXIONE

1. ¿Cuáles son esas semillas robustas de fe, esperanza o amor que usted siembra hoy?

2. ¿Cuáles son esos pequeños deleites que han sustituido las asperezas de los momentos estresantes?

3. ¿Cuáles alegrías le han sorprendido recientemente?

Capítulo 11

Carcajada de gracia: ¿Qué acaba de suceder?

De la exasperación y reacciones en carne viva a emociones llenas de gracia y saludables con el ocasional ingrediente adicional del humor

Algunos idiomas no tienen palabras distintas para expresar la diferencia entre *felicidad y gozo*. Cuando las personas hablan de la felicidad por lo general se refieren a circunstancias externas agradables. El gozo, sin embargo, está reservado para una estabilidad emocional arraigada, sosegada, confiada que sirve como fundamento para la felicidad.

Aunque depende de la versión de la Biblia que lea, las dos palabras pueden usarse intercambiablemente. El gozo es la presencia y poder de Dios que viven en usted y expresan Su fuerza y placer a través de sus emociones. Es una impartición divina. El gozo es más fuerte y profundo que la felicidad resultante de algo bueno que sucede. El gozo no siempre se siente como diversión o risa, aunque puede fácilmente ser expresado por medio de la risa.

La gracia es Dios llenándolo de poder para realizar la tarea. Lo lleva más allá de sus propias habilidades. Permite la activación del gozo dado por Dios. Vivir a partir del embalse de la gracia de Dios hace que sea posible que se descubra tarareando una alegre melodía interna o rompa en carcajadas justo en medio de un dilema, una angustia o una desilusión.

El que se ríe con frecuencia dura y perdura. Se rumora que Red Buttons, un comediante que tenía 80 años de edad en aquel entonces, decía que su longevidad se debía al buen humor y a las comidas saludables. "Ochenta no es viejo", le dijo a la gente. "Viejo es cuando su doctor ya no le toma rayos X, solo lo coloca a contra luz. Eso es viejo. Viejo es cuando usted pide un huevo hervido durante 2 minutos y le piden que pague antes. Aprender a reírse de sí mismo desarrolla paciencia y una gran tolerancia para la frustración, además de regalarle un tiempo estupendamente divertido."

Un corazón alegre, la risa y el gozo todos liberan una gran dosis de ayuda médica al alma fatigada. ¡Ah, qué deleite cuando la risa es espontánea y eleva todo su ser para sentir un alegre deleite!

Jesús les dijo a Sus seguidores que "sean felices de verdad" (Juan 16:33 TLA). La fe y el buen humor son poderosos amigos sanadores. Su fe ha estado creciendo constantemente, pero, ¿descubrió ya el poder sanador de una buena carcajada? Si la respuesta es no, su tiempo se aproxima. Es su turno.

ENCUENTRE EL BALANCE

Jan se equivocó. Vio a su jefe trabajar diligentemente semana tras semanas ocupándose emocional y físicamente de otra persona. Un día ella le compró un libro cristiano de chistes, le escribió una nota amigable adentro y se lo envió por correo, pensando que había hecho lo correcto.

"Estoy segura de que le servirá reírse y pasar un momento agradable en medio de su arduo trabajo", fue todo lo que ella escribió.

El teléfono timbró unos días después. Su líder estaba muy molesto. "¡Con todo lo demás que tengo que lidiar y usted se atreve a escribirme una nota diciendo que no sé cómo pasarla bien y que no sé cómo reír!"

Espanto. "Santo cielo, lo lamento. Mi intención era darle un regalo para honrar su trabajo duro. No lo estaba acusando, solamente trataba de aligerar su día."

Silencio. "Está bien, pero recuerde mi perspectiva cuando leo esas palabras. Decido creerle, pero la próxima vez preste atención a cómo dice las cosas. Gracias por el detalle."

A veces, la situación es tan intensa que hasta las mejores intenciones por relajarla fallan. Proverbios 27:14 dice, "Un saludo alegre y en voz alta temprano en la mañana, ¡será considerado una maldición!" (NTV) Claro que la mañana no es el único momento en el que se pueden malentender las buenas intenciones de otra persona. Puede suceder en cualquier momento del día, la semana o la estación, especialmente cuando uno está experimentando intenso estrés.

Proverbios 15 nos da una descripción interesante de un corazón alegre diciendo que es un corazón esperanzado, definitivamente positivo y atractivo. "El corazón contento alegra el rostro; el corazón quebrantado destruye el espíritu. El sabio tiene hambre de conocimiento, mientras que el necio se alimenta de basura. Para el abatido, cada día acarrea dificultades; para el de corazón feliz, la vida es un banquete continuo" (versículos 13-15 NTV). ¿Se imagina las delicias disponibles para quienes tienen un corazón alegre? En contraste, 1 Pedro 4:7 registra el valor de ser serios y disciplinados para fines de la oración.

Sean serios y disciplinados. Tengan un corazón alegre. ¿Cómo pueden habitar tanto la seriedad como la alegría en el mismo corazón, al mismo tiempo?

ELIJA EL GOZO

Hay unidad en los que parecieran ser opuestos. Definitivamente que la seriedad y la disciplina parecieran venir de forma más natural cuando hay momentos de dificultad o confusión en lugar de un corazón jovial o alegre. Así es que a veces se necesita de una decisión para actuar con pensamientos positivos y verdades divinas que engendren una alegría desenfadada antes de poder participar en la jovialidad como tal.

La jovialidad o alegría en el Señor no son lo mismo que una actitud distraída y desenfadada. Pensar con seriedad no es necesariamente algo sombrío, melancólico o aburrido, sino es ser lúcido, mesurado y prudente en sus consideraciones. Alguien con un corazón alegre no es una persona ajena, en negación, sino alguien que puede ser positivo, con una fe vivaz activada por la fe en las perspectivas de Dios para la vida. Tanto la alegría como la seriedad son atributos valiosos para llevar consigo en su viaje. Al experimentarlos trabajando juntos, por lo general es una sorpresa que uno manifiesta un fuerte sentido de plenitud, balance, de estar plenamente centrado.

El buen humor es contagioso y una persona con buen humor cambia la atmósfera de una habitación. Probablemente ha experimentado alguna vez que el retumbo de una carcajada o hasta de risas disimuladas fueron mucho más contagiosas que una tos o un estornudo. Cuando se comparte la risa, las personas se sienten más cercanas unas a otras. Hay un mayor sentimiento de felicidad que abre la puerta a una forma de intimidad. La risa lo conecta con los demás.

Hay razones físicas por las que todos deberíamos procurar tener un corazón alegre. La risa dispara cambios físicos saludables en el cuerpo. El buen humor y la risa lo hacen estar más alerta, fortalecen su sistema inmunológico, elevan su nivel de energía, reducen el dolor y ayudan a reducir los efectos dañinos del estrés. Reírse con ganas puede relajar todo el cuerpo y la mayoría de las personas disfrutan el hecho de que hacerlo quema calorías. Libera endorfinas, químico del cuerpo que lo hace sentir bien, y promueve una sensación de bienestar generalizado.

Los doctores han observado que la risa es un buen ejercicio para los pulmones, el corazón, diafragma y estómago porque ayuda a la circulación al eliminar las toxinas del sistema respiratorio. Protege al corazón al mejorar la función de los vasos sanguíneos y mejora la circulación. Es el antídoto natural del cuerpo para el estrés, el dolor y el conflicto. Algunos dicen que nada funciona más rápido y ni de manera más confiable a la hora de llevar a su mente y cuerpo de regreso al punto de balance que reírse con ganas.

Con razón la Palabra de Dios tiene tantísimo que decir acerca del gozo, el corazón alegre y la risa. Nehemías 8:10 declara, "El gozo del Señor es nuestra fortaleza".

Beth estaba impresionada por la sabiduría del consejo de una mamá ya mayor. Primero le explicó que el gozo del Señor podía ser la fuerza personal de Beth. Luego, añadió, "Y tu gozo será la fuerza de tu hijo". Esa revelación abrió la puerta a una perspectiva nueva para Beth. Los tercos rechazos y la poca disposición de su hijo para cumplir con la capacitación necesaria la drenaban. El pensamiento de que sus hijos podían beneficiarse de su gozo o risa personal no le eran totalmente extraños, pero no había pensado en que el gozo suyo era algo que les daría fuerza a ellos.

Comenzó a preguntarse, *El gozo, ¿es una elección? ¿Es la risa o el corazón alegre una elección?* Ella siempre había creído que venían de forma espontánea, pero tuvo que re-pensar esa premisa. Ella ya era seguidora de Jesús. Creía que el Espíritu Santo le había dado recursos internos más allá de lo natural para esforzarse por producir. Luego comenzó a percatarse de que esta provisión interna del Espíritu Santo –la del corazón alegre– podía perfectamente ser un depósito de gozo.

Ella se decidió a extraer su gozo y hasta una buena carcajada de Él en lugar de esperar que sus hijos fueran su fuente de gozo. Al menos en una ocasión, ella decidió permitir que el corazón alegre y la risa "burbujearan" desde adentro hacia afuera. Luego de comenzar a practicar este enfoque, encontró en él una sorprendente medida de alivio a sus emociones en carne viva. Su vida emocional se tornó menos frenética y amarga.

Puede sonar como un ejercicio extraño, pero ella de verdad apartó tiempos para practicar el gozo, el corazón alegre y la risa. Cuando parecía casi imposible conectarse con el ámbito de la esperanza y la alegría en la presencia personal de Dios, sacaba su libro de chistes de salón o escuchaba uno de sus DVD favoritos para, al menos, sonreír o hasta reír fuertemente. Esta acción la preparó para cuando pudo concentrarse en algo más placentero y útil para la tarea a realizar.

Con el tiempo, descubrió que el gozo del Señor no solo la cambió adentro, sino que también comenzó a ver la diferencia en la manera en que sus hijos respondían a sus instrucciones. Con este ejercicio ella aprendió a extraer de las provisiones profundas que tenía disponibles en la gracia salvadora de su Señor. Jesús era mucho más que su Dios que había lavado su pecado y que la había limpiado de toda injusticia. Él era su Señor y su Dios personal, y Su bondad era su mayor fuente de gozo. El siguiente versículo testifica de su experiencia.

Isaías 12:3, "Con alegría sacarán ustedes agua de las fuentes de la salvación".

"Las risas y el verme jugando con Joey hacía que la gente volteara a ver dos veces cuando pasaban cerca de nosotros", compartió Susan. "Inicialmente me pregunté por qué. ¿Cuál era la rareza que los hacía volver a ver o mirarnos fijamente, cuando nos veían a mi hijo y a mí riendo juntos? Nos estábamos divirtiendo. O eso me parecía a mí.

"Luego me percaté qué era. Nos reíamos y los que nos observaban pensaban que no podía haber felicidad cuando un niño tenía necesidades especiales como las que tenía mi hijo. Estaban sorprendidos. Nuestro gozo no correspondía a la idea que ellos tenían de 'normal'. Cuando yo lo entendí, me hizo sonreír internamente. Mi hijo y yo teníamos un secreto: la vida puede ser un tiempo hermoso y alegre cuando uno ve a través de los ojos de Dios, Su corazón y el gozo de conocer Su plan."

Proverbios 14:30 dice, "El corazón tranquilo da vida al cuerpo". Susan descubrió la verdad de ese proverbio y quienes vieron el gozo que ella sentía, querían entenderlo.

La experiencia de June fue más una especie de calma interna que suavizó las arrugas en su rostro. Ella dijo que encontrar un lugar de paz, ni digamos gozo, fue muy difícil por mucho tiempo. Ella tenía un sentimiento constante, interno como de malestar. Cero energías, continuamente se sentía menos que –no igual a la tarea– y su rostro lo reflejaba. Fue un acto de confianza cuando ella decidió "Voy a citar Proverbios 14:30 hasta que lo crea, así como otras palabras acerca de la paz y el gozo en la Biblia". Lo que ella decidió hacer no era solo pensamiento positivo. Era más. Era creer positivamente que ella había invitado al Espíritu Santo a su corazón y, por lo tanto, Su presencia podía ser, sería, mucho más. Sería vida para su cuerpo.

Sí, tomó tiempo, pero June dice que la espera valió la pena. Su corazón intencionalmente alegre comenzó a tener un efecto físico en todo su ser. Ella fue restaurada a su antigua forma de ser que ella pensaba estaba ocultándose por algún lugar. Volvió a ser la June que solía ser. Pero hubo una sorpresa aún mayor. Ella era una mejor versión de June, porque solo Dios mismo puede inspirar y renovar. Salmos 146:4 es su testimonio: "Pero felices son los que tienen como ayudador al Dios de Israel, los que han puesto su esperanza en el Señor su Dios" (NTV).

Pat experimentó betún en el pastel con el gozo y una medida fresca de felicidad. Emergió por la ayuda que estaba recibiendo de amigos cariñosos y fue fortalecida con la esperanza que estaba nutriendo. Y nadie podía negar la diferencia. Su rostro decía la verdad. Ella comenzó a tener una apariencia radiante que llevaba alegría al corazón de todos.

El cambio en Pat comenzó ante una circunstancia que cambió para mejor, aun antes de que ella tuviera mucho tiempo para acostumbrarse al nuevo desafío. Fue en medio de las dificultades y cuando atravesó problemas de salud que comenzó a notar la diferencia. Sus amigos comenzaron a preguntar acerca de los cambios que podían notar, pero ella misma no notó la diferencia al inicio. El cambio en ella era pequeño pero progresivo, hasta que se percató de la vitalidad restaurada. Dios estaba obrando Su obra al renovar a la persona interna en ella (Proverbios 15:30; 16:24; 2 Corintios 4:16). Las palabras de Salomón en Proverbios 16:20 se convirtieron en su realidad: "Los que prestan atención a la palabra [de Dios] y consejo hallan el bien, y quienes se apoyan, confían y están seguros en el Señor –son felices, bienaventurados y afortunados"*.

PRACTIQUE UN POCO DE RISA

La vida sin tiempos de felicidad, alegría y risotadas puede ser un enorme esfuerzo largo y laborioso, como ya bien sabe. Por supuesto que hay tiempos apropiados para la sobriedad y consideraciones serias, pero el gozo puede ser una corriente subterránea. Hoy, mientras usted lee, considere entrar a un "receso de corazón alegre", al menos durante unos minutos. Algo como caminar fuera de las ocupaciones de la cocina o de la remodelación de la casa –ese receso puede ser un paseo mental hacia un hermoso jardín con flores coloridas y dulces fragancias en el aire.

Es hora de que lo nuevo de vida se manifieste. La Biblia dice que pensemos en esas cosas. "Finalmente, hermanos, piensen en todo

---

* N. de la T.: Traducción libre de la versión Amplificada en inglés.

lo que es verdadero, en todo lo que merece respeto, en todo lo que es justo y bueno; piensen en todo lo que se reconoce como una virtud, y en todo lo que es agradable y merece ser alabado" (Filipenses 4:8, TLA). Lea el descubrimiento de Janet cuando supo que la risa podía deshacer un hechizo de miseria.

La risa rompió el hechizo

Janet llevó a los chicos en un largo paseo en automóvil para visitar a unos parientes. Al volver a casa, le pareció encontrar construcciones por todos lados en las autopistas. Había señales de desvíos por acá y por allá, haciendo que tuviera que cambiar de carriles y confundiera su dirección de viaje. Lo siguiente que supo fue que estaba perdida. Sacó el viejo mapa que Mamá le había dado para el viaje. Esto ocurrió mucho antes de los celulares y de que los GPS pudieran dar direcciones.

Los chicos se pellizcaban y molestaban, se quejaban y lloriqueaban en el asiento trasero. Habían estado en el auto durante ocho horas y el que tenía el TDAH (Trastorno por Déficit de Atención con Hiperactividad) estaba pateando el asiento. El adolescente le gritaba a TDAH, "¡Detente, ya!" El menor lloraba en su asiento del carro otra vez al escuchar a Janet lamentarse con un profundo suspiro por estar perdida otra vez. Había caos en el vehículo.

La escena empeoraba hasta que mamá se hizo a un lado de la carretera y se estacionó, exasperada. Era tarde, estaba oscuro y estaba perdida, tratando desesperadamente de leer el mapa y buscar los rótulos locales para saber a dónde ir. El adolescente y mamá estaban apretados sobre el mapa alumbrándolo con la linterna para encontrar algo que les resultara familiar. De repente, TDAH se desabrochó, se estiró sobre el asiento y tomó el mapa. Un gran pedazo se rasgó en el medio del mapa y quedó en manos de TDAH.

Todos se quedaron viendo por un momento. El mapa ya no servía para nada con ese gran agujero en el medio, justo donde mamá y el adolescente habían estado buscando.

Pero no transcurrió ni un segundo y toda la situación les pareció de lo más jocosa a todos en el carro, excepto al pequeñín en el asiento de bebé. Explotaron en carcajadas. Mamá piloto y el mayor reían tanto que las lágrimas les corrían por las mejillas. El pequeñín estaba sentadito en silencio, tratando de averiguar qué acababa de suceder cuando todo ese enojo, frustración, miedo y agitación emocional de una situación como esa se disipó. El carro estaba más calmado ahora. Hasta TDAH estaba ahí solo moviendo los piecitos en lugar de pateando el asiento. El chiquitín lloriqueaba calladito.

"Bueno, chicos, ¿qué hacemos ahora?" preguntó mamá piloto. El chiquito, todavía con lágrimas en los ojos, susurró, "Yo quiero ir a casa AHORA". El adolescente y TDAH sugirieron, "Mejor busquemos un hotel".

Mamá arrancó el carro y se dirigieron a la calle más próxima para buscar un tan ansiado lugar donde descansar. Al estacionarse en el primer motel, el pequeñito comenzó a llorar otra vez diciendo, "No, mamá. ¡No nos hagas ir ahí!" El adolescente soltó un "¡Nada que ver!" y TDAH estaba indiferente a todo. Mamá siguió conduciendo. Pero luego llegó la ayuda que tanto necesitaban. Un lugar limpio y agradable a la vista en donde pasar la noche.

Janet le dio gracias a Dios por la risa que rompió el hechizo de la miseria y abrió la puerta para una noche de descanso placentero.

¿Puede pensar en momentos que fueron traumáticos para usted pero que ahora considera divertidos?

La Biblia sabiamente deja a todos saber de la ayuda práctica disponible en la risa, que renueva el corazón de los que sufren (Proverbios 17:22). Es un oasis que ofrece descanso. Permite que la paciencia irrumpa en el corazón de los que permanecen (Proverbios 19:11; 25:15). La paciencia puede hacer la misma obra perfecta por usted si decide hacer tiempo en su vida para el buen humor sanador y habilitado por la gracia.

SENTIMIENTOS SALUDABLES, AFECTUOSOS

Los niños con necesidades especiales sí que pueden ser muy divertidos. Se puede desarrollar un gozo inusual en las familias por causa de su ser querido. A veces no es el niño el que lleva el gozo, sino que es el trabajo en equipo y el apoyo que la red de la familia trae lo que inicia los sentimientos saludables y afectuosos o hasta provocan la risa en alguna situación. ¿Puede usted experimentar ya los sentimientos afectuosos y reírse de algunas cosas que le hayan ocurrido siendo padre de un niño con necesidades especiales?

En el artículo titulado "La felicidad de ser especial" (*The Happiness of Being Special*) por Dawn McMullan en la revista *Live Happy*, Dawn dice que "los niños con necesidades especiales aportan mucho a sus familias: perspectiva, empatía y gozo incalculable que muchos desde afuera tal vez no ven".

La terapeuta Carmenza Herrera Méndez tiene abundantes recuerdos hermosos de los rostros y actitudes de los niños con los que platicó de sus vidas durante las sesiones de terapia. En una oportunidad una niñita con Síndrome Down pidió cambiar de asiento con ella. Cuando cambiaron, la niñita comenzó a referirse a ella como Carmen y después intentó hacer que la terapista repitiera sus "prácticas de pronunciación". ¡Encantadora y tierna! Un momento para reír.

Para Janice, los momentos afectuosos tardaron bastante. Recuerda que los terribles dos fueron, mejor dicho, los "terribles dos y tres" y llegaron casi hasta los cuatro. Salvar la vida de su hijo se convirtió –literalmente– en algo de todos los días. Él parecía no tener ninguno de los temores lógicos y saludables que los otros niños tenían. Su "inteligencia creativa" aparecía casi todos los días. Algunos días, Janice se descubría sentada, viendo fijamente a la pared, perdida en el tiempo por causa del continuo estrés provocado por este chico con actividades tan singulares.

Un ejemplo de la creatividad de su hijo tuvo que ver con los pañales. No le tomó tiempo descifrar que lo que el pañal contenía de vez en cuando podía ser útil argamasa para construir. ¡Otro descubrimiento fue que las tijeras afiladas pueden cortar todas las mangas de las camisas que colgaban del armario a su altura! La alfombra no cooperó, gracias a Dios, cuando averiguó cómo prenderle fuego y la casa no se consumió cuando decidió experimentar entusiasmado con ser bombero a los tres años de edad.

Esos eran los días de silencio estupefacto cuando Janice no sentía emociones. Estaba más allá de toda emoción. Se paraba o sentaba con la mirada perdida después de haber realizado el trabajo de rescate requerido. Ahora, unos treinta años más tarde, cuenta sus historias con grandes risotadas, pues encuentra que su creatividad era bastante divertida, aunque hace años ese pensamiento estaba a millones de millas de distancia. La oración, el tiempo y una nueva perspectiva hicieron una enorme diferencia.

LA LECCIÓN DE SARA ACERCA DE LA RISA

En el primer libro de la Biblia, Génesis, hay una historia de una pareja llamados Abraham y Sara. Abraham es conocido como el "padre de la fe". En la historia, Dios llega a Abraham y le promete un hijo y descendientes tan numerosos como las estrellas, pero Sara no le da un hijo a Abraham en los años normales para la crianza de los mismos en aquella época. Se preguntaban qué había pasado con esa promesa de Dios. Cuando la pareja ya es muy anciana, el Señor se presenta otra vez con la misma promesa. Pero esta vez, Él les dice cuándo sucederá, en un año (Génesis 18:10-13). Sara está muy pasada de la edad para ser madre, así es que se ríe de la noción de ser madre a su edad. Abraham también se ríe.

La risa de Sara era una risa de duda, pero los comentaristas de la Biblia piensan que la risa de Abraham era una de fe. ¿Acaso no se reiría usted también con la idea de tener un hijo cuando usted ya tiene 80 o 90 años de edad? La risa de Sara demuestra que pareciera que lo lógico es tener más fe en cómo se ven las cosas en este momento que en lo que Dios dice que puede hacer.

Sara tenía buenos argumentos, por ejemplo, en lugar de demostrar fe, ella dudó de la promesa de Dios. Dios escuchó la expresión interna de su duda, aunque ella pensó que nadie lo sabía. Al leer lo que pasa a continuación en la historia de Sara, se dará cuenta de que ella experimentó un cambio extremo de mentalidad.

Éstas son las buenas noticias. ¡Su duda original no tuvo efecto en el resultado! Ella sí dio a luz a ese hijo. En el Nuevo Testamento, en Hebreos, Sara figura en la lista de los héroes de la fe, como una que consideró que Dios era fiel para guardar Sus promesas. Aunque dudó, Dios sabía que Sara recapacitaría y la risa de duda se convertiría en el gozo de la fe. Ella y Abraham le pusieron por nombre Isaac, que significa risa (Hebreos 11:11).

TÓMESE EL TIEMPO PARA REÍR

Tómese el tiempo para permitir que surjan la risa y el regocijo de su relación con su Padre celestial y el niño que Él le ha dado. Crea que su risa y regocijo, ahí en medio de las circunstancias difíciles, fortalecerán y transformarán su día.

Ríase, porque cualquier cosa que esté sucediendo es de risa. Ríase de sus enemigos porque usted sabe que Dios está con usted. Ríase porque químicamente es mejor para usted. Ríase cuando quiera hacerlo. Ríase porque necesita hacerlo. Ríase porque le sienta bien y ríase porque Dios disfruta de su risa. Ríase cuando no haya cambio, y ríase porque la risa es buena y la vida es mejor cuando uno sonríe o se ríe. Ríase porque es un excelente regalo que no querrá perderse. Reírse cambiará su perspectiva y aligerará su carga.

***

Tres buenos amigos

En el corazón del prudente reposa la sabiduría.
(Proverbios 14:33, RVR1995)

La paciencia vence toda resistencia.
(Proverbios 19:11; 25:15, TLA)

El corazón alegre es una buena medicina.
(Proverbios 17:22, RVR1995)

***

¿Alguna vez ha intentado ahuyentar las nubes al forzarse a reír y siguió intentándolo hasta que explotó en risa de verdad? Si lo ha hecho, se habrá dado cuenta de lo enormemente divertido que es obligarse a uno mismo a reír, tanto así que provoca la risa natural. ¿O alguna vez ha hecho algo intencionalmente porque sabía que eso haría que alguien más riera? Si no lo ha hecho, debería intentarlo. Algunas personas se carcajean a más no poder con los episodios viejos de *I Love Lucy*. Otros se divierten viendo comedias modernas o al navegar en un sitio web con videos divertidos de animales.

Encontrar formas de reír no es tiempo perdido. Es terapia para la salud mental y física. Aunque solo tenga diez minutos, tenga algo listo y esperando para darle un buen momento. Ríase con lo que le da tiempo de ver y vea lo demás después. Cuando no haya nada en usted que quiera tomarse el tiempo para tan siquiera sonreír o reír, haga algo que usted piense que pueda provocarle risa y vea qué resulta.

Lea el consejo de la terapeuta Faith Raimer.

¡Usted SÍ PUEDE celebrar!

Qué divertido es celebrar. Eleva el espíritu y es bueno para el alma. ¿Puede encontrar razones para celebrar? Si no tiene una causa aparente en este momento, tal vez esté perdiéndose el momento.

Solo con ver a nuestro alrededor hay una gran cantidad de cosas aparentemente pequeñas por las que alegrarse. ¿Ve el polvo en la superficie delos muebles y no piensa en la comodidad de su hogar? ¿La obligó la lluvia a cancelar sus planes y provocar un cambio de oportunidades?

Busque cosas que sean excepcionales, merecedoras de atención y comentarios. La mayoría tenemos una lámpara para alumbrar la habitación o con la cual leer, pocos diríamos que eso es gran cosa, a menos que el bombillo se queme y no hay otro para reemplazarlo. La electricidad para su uso cotidiano es algo que damos por sentado (hasta que recibimos el estado de cuenta). Tal vez tenga un posavasos con el emblema de su equipo favorito, o una de esas chimeneas eléctricas tan populares que tiene llamas con colores a su elección.

Las mejores cosas para celebrar frecuentemente son esas que no se pueden comprar: un amanecer, la luna llena, un cielo estrellado, la primera señal de la primavera y esa última rosa del verano. Puede celebrar ser una creación individual con temperamento, personalidad y dones únicos. Y puede celebrar estar en este kilómetro de su viaje. Tal vez acaba de dar un paso pequeñito que para alguien más puede lucir como un paso gigante o vice versa. No se trata de juzgar. Se trata de logros. Cualquier paso pequeño o salto de tigre vale la pena celebrarlo.

Siga buscando cosas a lo largo del camino, seguramente las encontrará, unas serán obvias y otras estarán ocultas como tesoros por encontrar. Celebre el singular camino que le ha tocado y a Aquel que lo hizo y que le da la luz de la vida (Juan 8:12).

Laurie decidió que su amiga necesitaba ayuda externa para elevar su nivel de alegría. Un día, la sorprendió con una visita rápida y un regalo grande. Era el muñeco de Elmo Cosquillas. Si nunca ha visto uno de estos muñecos, resultará difícil describir lo divertido que es. Elmo es un muñeco rojo y peludo tomado del personaje Elmo del programa televisivo *Plaza Sésamo*. Cuando le presiona los botones Elmo de peluche o felpa, se ríe y ríe y cae al suelo riéndose, da vueltas, se sienta— y todo sin dejar de reír. Luego, suspira un poquito y dice, "Otra vez, otra vez". Pocos pueden ver este maravilloso muñeco rojo, peludo, con carita divertida sin encontrarlo gracioso.

Parece tonto que un adulto, con presiones en todas direcciones, se tome el tiempo para presionar el botón y ver al muñeco dar vueltas, caer y reír. Pero la rápida recompensa valió la pena rotundamente. La amiga de Laurie no pudo evitar más que reír con las cosquillas de Elmo. Reía y reía y reía. Luego, igual que Elmo, susurró, "Otra vez" y volvió a presionar el botón.

***

Risa

La risa de Jesús estremeció mi alma.
El favor de la Gracia revivió el fuego de la perseverancia.
Ah, paciencia, bienvenida, amiga.
Traes esta prueba a su fin.

***

ORE

Padre Dios en el cielo, perdóname por las veces en que me he reído como Sara, dudando. Lléname con el gozo de mi Señor. Capacítame para recibir Tus promesas con una risa profunda, rotunda, al estilo de Abraham, llena de fe, totalmente disfrutando el momento. Que pueda yo aprender a sonreír a través de las lágrimas, a reír cuando sea necesario a pesar del pesar y a saber que el gozo real está enraizado en una fe inconquistable en tu absoluta bondad. Ayúdame a reírme de mí mismo también, a no tomarme muy en serio. Recibo tu gozo interno como mi fortaleza personal. Expectante espero descubrir la variedad de recursos que producen risa, gozo y felicidad. ¡Tú piensas en todo! Padre celestial, gracias por el buen humor salvador. Te amo, Señor, estoy muy agradecido por tu regalo de la risa y el gozo.

REFLEXIONE

1. Analice orar estas oraciones parafraseadas de la Escritura adaptándolas a usted.

    Salmos 86:4— Reconforta el espíritu de tu siervo, porque a ti, Señor, elevo mi alma.

    Salmos 97:10-11—Señor, elijo amarte y odiar el mal. Confío en que me protegerás como a uno de tus fieles. Líbrame de manos de los impíos. Creo que Tú estás sobre mí y que Tu gozo está en mi corazón. Me regocijo en ti, Señor y alabo tu nombre santo.

    Juan 15:13—Jesús te obedeceré al pedir en Tu Nombre para poder recibir a fin de que mi gozo esté completo, como Tú me dijiste.

    Judas versículos 24-25—Tú eres capaz de impedir que caiga y de presentarme ante Tu gloriosa presencia sin mancha y con gran gozo. Al único Dios, mi Salvador, sea la gloria, majestad, poder y autoridad por medio de Jesucristo mi Señor, antes de todos los tiempos, en el presente y por toda la eternidad.

2. Tome un momento para reflexionar en los momentos en los que su corazón se ha alegrado o que han sido de morir de risa. Ya que la ciencia y Dios están de acuerdo en que el corazón alegre es como medicina (Proverbios 17:22), ¿qué le parece ingerir un poco de medicina orgánica y efectiva para el corazón apesadumbrado? Quítese el cilicio y el luto y deje que Dios cambie su lamento en baile (Salmos 30:11).

3. Tome una decisión. Disfrute de una persona o algo que inspira alegría y risas. Después, considere leer unas escrituras más acerca del gozo, regocijo y la risa, tomando nota de su valor.

    Salmos 16:8-11, Fijo mis ojos siempre en el Señor. Con Él a mi diestra, no seré conmovido. Por lo tanto, mi corazón se alegra y mis entrañas se regocijan; mi cuerpo descansa seguro... Tú me das a conocer el camino de vida; tú me llenas de gozo en tu presencia con placeres eternos a tu diestra.

    Salmos 33:21, "En él se regocija nuestro corazón, porque confiamos en su santo nombre".

    Romanos 14:17, "El reino de Dios no es cuestión de comidas o bebidas sino de justicia, paz y alegría en el Espíritu Santo".

    Romanos 15:13, "Que el Dios de la esperanza los llene de toda alegría y paz a ustedes que creen en él, para que rebosen de esperanza por el poder del Espíritu Santo".

    Colosenses 1:11, "Fortalecidos en todo sentido con su glorioso poder. Así perseverarán con paciencia en toda situación".

    Santiago 1:2, "Considérense muy dichosos, mis hermanos y hermanas".

    1 Pedro 1:8-9, "Lo aman a pesar de no haberlo visto; y aunque no lo ven ahora, creen en él y se alegran con un gozo indescriptible y glorioso, pues están obteniendo la meta de su fe, que es su salvación".

Capítulo 12

Reposo y rejuvenecimiento: ¿Dónde está mi almohada?

De atribulado, ansioso e inquieto a repuesto, rejuvenecido y descansado

Usted probablemente ya lloró un galón de lágrimas, estimulando esas hormonas químicas que alivian el estrés como solo las lágrimas pueden hacerlo. No fue fácil para su personalidad y estilo de vida particular, pero usted ha logrado forjarse preciosas pausas de paz. Gracias a Dios no ha perdido totalmente su sentido del humor y puede disfrutar de una buena risotada de vez en cuando. Todas estas actividades reponen y rejuvenecen, escoltan la entrada de los muy necesarios y merecidos momentos tranquilos de reposo.

Puede ser que las vigilias de la noche (o esos largos días de velar), sin embargo, todavía lo inquieten, haciéndolo ansiar por algo básico que su cuerpo necesita: descanso. ¿Alguna vez ha tenido antojo de su almohada? La apretuja y es la medida perfecta para su cabeza, se acurruca en su posición favorita. Calladamente espera y ora que pueda dormir y descansar durante toda la noche. Sin preocupaciones molestas, repeticiones de la lista de cosas por hacer mañana, o cualquiera de esas razones inoportunas que lo mantienen despierto o que le arrancan el sueño de un susto. Sí, sueño, reposo, ah.

Hay misterios secretos ocultos en su tiempo de almohada. Pero cuando su cabeza finalmente cae en la almohada, ¿se pregunta usted cuánto durará? Además, usted quiere más que solo sueño para su cuerpo. Usted necesita el tipo de reposo que solo Dios puede dar.

EL CORAZÓN DESPIERTO

Susan Hafner, en su folleto, Aunque duermo, mi corazón vela (*Though I Sleep, My Heart Is Awake*), dice que cuando las personas duermen, sus mentes están en reposo, pero sus corazones están plenamente despiertos. Ella usa una analogía de computadora para decir que el sueño es un tiempo cuando Dios puede descargar en nosotros, eliminar archivos, y desfragmentar la confusión en nuestra mente. "De ser necesario", dice ella, "Él puede reinicializar su sistema completo."

Antes de ir a dormir, Hafner sugiere que le pidamos a Dios que "restaure, reequipe y refresque" nuestro corazón para que despierte a Él y reciba. Entonces podemos "despertar esperando que Dios nos haya tocado y dado renovada esperanza, visión, sueños, destino, ideas y dirección".

Su espíritu y alma están sujetos al Espíritu de Dios y puede ser plenamente impactados por Su presencia, llevando una infusión de Su naturaleza tranquila.

El reposo puede venir de una buena noche de sueño, cuando usted está ahí acurrucado en su almohada. El descanso también puede venir cuando uno se aleja de la rutina, se relaja en Su presencia y se empapa de Sus promesas. El reposo ciertamente viene de intercambios personales susurrados con el Salvador de su alma. Aprender a apoyarse en la soberanía de Dios y Sus verdades vivientes para la vida son el inicio del verdadero reposo.

El reposo al tipo de Dios puede reinicializarlo como cuando se reinicia el disco duro de una computadora y fortalecerlo como cuando se repara una cuerda que está floja o una costura rasgada. Él se deleita en cantar suavemente a su oído una canción de cuna, como con un bebé soñoliento. Sofonías 3:17 dice, "porque el Señor tu Dios está en medio de ti como guerrero victorioso. Se deleitará en ti con gozo, te renovará con su amor, se alegrará por ti con cantos". ¿No le parece que ese versículo suena absolutamente tranquilizador y de ensueño? ¿Cómo uno al que acude en oración antes de que la cabeza se pose sobre la almohada? Él lo rodea y satura con Su presencia misma. Su lugar de reposo está siendo formado dentro de usted.

ENCUENTROS

Jesús, mostrando preocupación por Sus seguidores devotos en Marcos 6:31, los invita, "Vengan conmigo... y descansen un poco." Marcos 6:30-31 lo dice así, "Los apóstoles tuvieron encuentros con Jesús e informaron de todo lo que habían hecho y enseñado. Jesús dijo, 'Vengan ustedes solos a un lugar tranquilo y descansen un poco'." Él sabía que el reposo era importante. Reposar en Él, en Su presencia personal, era el punto.

Otra forma de reposar, decía Jesús, era alejarse de la multitud para ir a un lugar tranquilo por un tiempo, un encuentro. Es un lugar privado para estar juntos. Es un lugar de reuniones con la Divinidad: Padre, Hijo y Espíritu Santo. Es un lugar de reposo, no solo un lugar rutinario. Es mucho más. Es un encuentro para ser lleno del Dios todo suficiente, la trinidad; es una interacción divina, un intercambio de energía. Garantiza el acceso a un punto de vista distinto en sus circunstancias.

Isaías 30:15 dice, "Porque así dice el Señor omnipotente, el Santo de Israel: '¡En el arrepentimiento y la calma está su salvación, en la serenidad y la confianza está su fuerza...!'" En Mateo 11:28-29 leemos, "Luego dijo Jesús: 'Vengan a mí todos los que están cansados y llevan cargas pesadas, y yo les daré descanso. Pónganse mi yugo. Déjenme enseñarles, porque yo soy humilde y tierno de corazón, y encontrarán descanso para el alma'". (NTV)

En el lenguaje original, el griego, las palabras de Jesús en Marcos 6:30-31 son una exclamación. Piense en ellas algo así, "¡Vengan, vengan ya! ¡Los invito a que vengan!" Jesús da la bienvenida gozosa y enfáticamente a Sus discípulos para que vayan con Él; igual lo hace con usted.

Usted está siendo llamado a salir de la rutina y buscar Su rostro. Eso significa buscar a Dios por ser Él y no por lo que puede hacer. Su presencia amorosa, personal le da la bienvenida a Su santidad. La santidad nos hace hermosos, puros, nos unifica. El corazón puro es increíblemente atractivo a su Padre celestial. Así es que busque habitar o permanecer en su Salvador y Señor y Amigo, Jesucristo. Ahí usted estará continuamente consciente de Su plenitud, Su gloriosa presencia habitando en usted; ahí su identidad en Él reemplaza toda sensación de negatividad –¡y ese es su reposo!

UN LUGAR DE REPOSO

"Jehová ha dicho: El cielo es mi trono y la tierra el estrado de mis pies. ¿Dónde está la casa que me habréis de edificar? ¿Dónde el lugar de mi reposo?" leemos en Isaías 66:1 (RVR1995). En aquellos días antes de la venida de Cristo, el lugar de reposo de Dios era el tabernáculo. Ahora, no obstante, Él busca crear en cada uno de nuestros corazones un lugar sagrado para Sí mismo, un lugar en donde Él pueda reposar con nosotros.

Para June, su lugar de reposo era un sillón orejero. Jason prefería una silla de playa ensartada en la arena en la playa local, viendo las olas. Para Kerri, eran las tempranas horas de la mañana frente al fuego en la chimenea. Pocos de esos lugares ofrecen un descanso continuo, diario, libre de interrupciones, pero Dios ha preparado un lugar para que usted entre cada día a Su amorosa presencia y experimente una transformación de "corazón a corazón". Su lugar de reposo –reposo completo para espíritu, alma y cuerpo– está en Dios.

RODEADO Y SATURADO

La palabra hebrea en la Biblia para reposo es *nuach* y se usa en muchos lugares en la Escritura para decir "reposo, permanecer, estar quieto". También se usa para indicar una "saturación completa, estar rodeado" (2 Reyes 2:15; Proverbios 14:33; Isaías 11:2). Dios Padre está buscando una relación en la que pueda "saturar completamente y rodear" cada dimensión de nuestra vida. Ahí reposamos.

El reposo es un regalo. Llegamos a Él vacíos. Ríndase a Su voluntad llena de gracia. Descubra su identidad verdadera. Confíe en Su poder. Es un proceso de aprendizaje y de apoyo. Nuestro Padre nos enseña a reposar solo en Su fuerza. En 1 Corintios 2:5 está la explicación: "Lo hice así para que ustedes no confiaran en la sabiduría humana sino en el poder de Dios" (NTV). Es solo por fe que podemos estar quietos y tranquilos en las circunstancias de la vida. Podemos ser aquietados, rodeados y saturados simplemente porque Él ES nuestro Dios. Es posible. Salmos 46:10, "¡Quédense quietos y sepan que yo soy Dios! Toda nación me honrará. Seré honrado en el mundo entero", nos señala el camino a seguir.

La confianza es la forma en la que "hallamos reposo para nuestra alma" (Mateo 11:29). Usted confía en Su obra en usted y a través de usted. Entréguese al Espíritu de Dios. Permita que su corazón permanezca en el lugar de reposo de Dios, un lugar santo, en donde Dios mismo puede reposar. Y ahí se manifiesta Su amor por Su presencia que hace todo hermoso, lo hace santo.

PLÁTICA CON LA ALMOHADA

Proverbios 3:32 anima a los hijos perdonados de Dios recordándoles que Él desea llevar a los justos a una relación íntima. La palabra hebrea usada para relación es *sode* en el lenguaje original usado en Proverbios 3:32, que significa almohada o cojín. Implica que Dios quiere llevarnos a Su "espacio interno" de intimidad. Ya que la palabra es *almohada* en inglés, podría usarse como "plática con la almohada" o "el lugar donde Dios reposa". Ahí, en esa audiencia privada, Él comparte de su amor que da vida, consuelo y entendimiento, pasiones y planes.

Confianza, espacio interno, cojín, plática con la almohada—piense en todas esas palabras como descriptores del lugar en donde Dios está reposando y a donde usted es invitado a estar para unirse a Él, a Aquel que reposa.

Laura describe sus pláticas con la almohada con el Señor, "Es muy parecido a los momentos en los que mi esposo y yo platicamos antes de quedarnos dormidos en la noche. Estamos cara a cara, hablando quedito y en confidencia acerca de cosas que no hablaríamos con otros, que no querríamos que otros oyeran. Yo soy una procesadora externa. A veces me doy cuenta por primera vez que estoy pensando cuando me oigo pensar porque lo hablo en voz alta. Y luego, callada escucho con lapicero y papel en mano. A mí me funciona escribir y pensar lo que estoy escuchando.

"En un inicio, no pensé que fuera una conversación de dos vías. Pero mientras más practicaba tener estas pláticas con la almohada, hablando y luego escuchando, escribiendo y hablando y luego escuchando otra vez, más me di cuenta de que yo estaba en una audiencia privada en presencia de Dios. No me tomó tiempo percatarme de que yo siempre me sentía bien después de esos tiempos. Se convirtió en mi oasis, mi energía, mi ayuda siempre presente en tiempos de necesidad. Así es que intencionalmente empecé a hacer tiempo, aunque fueran solo diez minutos."

Su Padre en el cielo está listo para llevarlo a ese lugar íntimo, a un lugar de cortejo, a Su lugar interno, a donde se habla en susurros, al espacio de Su aliento. ¿Cuándo fue la última vez que tuvo una buena plática con su almohada con Él, un tiempo de confidencia?

La terapeuta Michelle Phillips comparte su experiencia escuchando. "En mi caso, Dios por lo general tiene que cambiarme la perspectiva. Comienza a hablarme directamente. Después, cuando comparto lo que me ha dicho, las palabras no tienen el mismo impacto en otros (aunque pueden serles útiles). Cuando Dios me habla, yo sano. Lo he visto en mis clientes también."

Dios sabe cómo satisfacer, ministrar y ayudar como nadie más puede. En su unidad con Él usted puede ser completamente abierto. Él quiere una interacción profunda y permanente, amigable y amorosa, para compartir secretos eternos. Continúe cediendo diligentemente hasta que Sus susurros internos traigan el efecto calmante a su alma o, como mínimo, un susurro de la voz quieta y apacible de la interacción del Espíritu Santo.

Active intencionalmente el tiempo de intimidad santa, un tiempo de plática con la almohada con su Padre celestial y Señor Jesús. Es hora de permitir la cercanía del Espíritu Santo. Será tranquilizante para el cuerpo, energizará el alma y refrescará su mente al entrar al reposo del Señor.

La escritora Susan Hafner dice que su almohada, su lugar de reposo, puede ser como una ventana abierta.

Ventana abierta

Dios puede encontrarse con nosotros en cualquier lugar. Dios tiene un plan para usted. Él quiere estar involucrado en cada detalle de su vida. Él quiere revelarle Sus planes para su vida. Está buscando la ventana abierta de su corazón para visitarlo. Una almohada es muy personal. Tiene su aura, su aroma. Denota un tiempo de intimidad. Definitivamente puede ser un lugar de reunión regular entre usted y Dios.

Abra su corazón a Dios para que Él pueda prodigarle las riquezas de Su gracia y amor. Él escucha sus anhelos secretos.

Tal vez no es más que un llamado desesperado de
"Ayúdame, Señor"
cuando usted esconde su cabeza en la almohada
y trata de dormir
para dejar fuera
las presiones del mundo.

Al poner la cabeza en su almohada,
tenga la certeza de que Él se presentará a la reunión.
Él ansía que usted esté ahí también.

No crea que usted le está dando las sobras a Dios cuando hace sus oraciones antes de dormir. Es un tiempo maravilloso para que Dios hable a su corazón, su espíritu (que siempre está despierto) mientras usted reposa (finalmente). Jamás subestime los encuentros nocturnos con Dios.

Crea en fe que usted será fortalecido, refrescado, recargado y empoderado sobrenaturalmente por Dios en su tiempo con la almohada. Él le permitirá levantarse y salir con una perspectiva fresca y nueva energía para terminar lo que inició.

Isaías 66:1 dice, "El cielo es mi trono y la tierra es el estrado de mis pies. ¿Podrían acaso construirme un templo tan bueno como ese? ¿Podrían construirme un lugar de descanso así?" Vuélvase hacia su Padre celestial, su Señor Jesús, y el Espíritu Santo. Tome tiempo para acercarse y confiar. Repose en Su amor.

ORE

Amado Señor Jesús, abre mis ojos para que pueda ver. Abre mis oídos para que escuche lo que el Espíritu Santo revela acerca del verdadero reposo y la manera en que podemos compartir en tiempos de silencio, así como cuando duermo. Confío en que mi debilidad está inmersa en Tu gracia. Yo creo que mi confianza crece al seguir con mis ojos fijos en Ti y en lo que traerás a mi ser interior. Confío en que Tú me restaurarás, renovarás y refrescarás. Gracias por aquietarme en Tu amor y por regocijarte en mí con cánticos.

REFLEXIONE

1. Su Padre celestial le ha extendido una invitación abierta a una aventura—encontrarse con Él. Cuando usted abrió la puerta de su corazón, Él entró. Ahora Su presencia personal está accesible. ¿Y qué tal sería procurar encuentros con Dios mientras usted reposa intencionalmente? ¿Será que unos minutos escuchando música o sentado en silencio en una silla cómoda son una buena manera de reposar e ir en una aventura? ¿Qué tal dar una caminata temprano en la mañana o un paseo por el vecindario en la tarde? Cuando sea y donde sea que decida hacerlo, esté a la expectativa de la presencia de Dios.
2. Como sugirió Susan Hafner, no subestime sus encuentros nocturnos con el Señor. Justo antes de poner su cabeza en su almohada favorita para ir a dormir, considere tomar un momento para escribir una petición. ¡Sea valiente y pida una aventura, crea por sabiduría, revelación y por un encuentro que lo transforme por dentro!

Capítulo 13

Pruebas, triunfos y conexiones: ¿Ocurren milagros?

De estar solo, superado y mal equipado a valiente trabajo en equipo y transfiguración perseverante

Los milagros ocurren de muchas maneras. ¿Casualidad o iniciado por Dios? ¿Solo impulsado por el trabajo duro? En el griego bíblico, la palabra *milagro* significa "por poder o fuerza, u obras maravillosas; poder a través de la habilidad de Dios". Por definición, si no se puede atribuir un evento al poder humano o a las leyes de la naturaleza, se le atribuye a un agente sobrenatural, divino o a Dios obrando a través de las leyes de la naturaleza.

Un milagro va más allá de cualquier cosa que pueda trabajarse o explicarse plenamente. "Si usted ve a una tortuga descansando en el poste de una verja", dijo un caballero sureño, "usted sabe que no llegó ahí por su cuenta." Definitivamente va más, mucho más, allá de lo realizable.

Ser padre de un niño con necesidades especiales lo lanzó al ámbito de los milagros. Su primer y más profundo deseo fue probablemente que los milagros eliminaran las necesidades más inmediatas. Al leer la Biblia, ¿quién podría negar esa posibilidad? Sin embargo, los milagros pueden asumir muchas formas diferentes.

SEPARAR

Ya que pasamos por la mayoría de las primeras tres etapas de la transformación como padre de un niño con necesidades especiales – *sobrevivir, buscar, adaptar*– resulta natural considerar cómo será la etapa de *separar*.

Separar es la última etapa de lo que realmente ha sido un viaje lleno de muchos pequeños milagros. Al ver hacia atrás y todo lo que ha experimentado hasta ahora, ¿puede usted distinguir cuáles milagros discernibles se han llevado a cabo? ¿Qué milagros anticipa o desea para más adelante?

VER MILAGROS

Hace años vi la portada de una revista de la naturaleza que mostraba una ilustración de un pelícano grande que acababa de atrapar a un sapo con su pico tan ancho y profundo. Los largos y delgados brazos del sapo colgaban de ambos lados del pico. Esos frágiles brazos iban estrujando el pescuezo del pelícano con todas sus fuerzas

Es obvio en esa ilustración que el delgado sapito estaba determinado a obligar al pelícano a abrir el pico y así saltar fuera de ahí. O tal vez estrangularía al pelícano para salir libre. De una forma u otra, el delgaducho sapito estaba determinado a salir del embrollo. Al pie de la foto del artista en referencia a la perseverancia del sapo decía, "No termina hasta que termina". ¿Se identifica?

***

**Me siento como un saltamontes en el nido de un ave
(¡o como un sapo en el pico de un pelícano!)**

¿Alguna vez se sintió indefenso,
victimizado,
o apenas más que un vulnerable saltamontes
en búsqueda de ayuda médica, emocional,
física, financiera o educativa para su hijo?

***

El mensaje de este poema no es una queja poco común. Durante meses, a veces años, la búsqueda del doctor, servicios o medicinas correctas o de suplir otras necesidades, lleva a los padres a enfrentarse a personas insensibles y desinformadas que hablan o actúan sin ningún o muy poco entendimiento. ¿Qué es lo mejor para su hijo? ¿Lo saben acaso las autoridades?

Podría ser que usted no esté seguro de saber la respuesta. En medio de la búsqueda, es lógico que a veces se sienta intimidado. Después de todo, parecen haber infinitas razones para averiguar qué funciona mejor. Las figuras de autoridad informadas, en particular, pueden resultar muy amenazantes. Manejar las ocasionales respuestas groseras o distantes puede ser exasperante. La terapeuta Faith Raimer describe uno de esos momentos en su vida.

>Al ver hacia atrás en mi trabajo con niños que se enfrentaban a probabilidades increíblemente bajas de sobrevivir en un mundo en el que nos movemos libremente, y a veces damos por sentado, recuerdo la innegable bendición que Dios me dio. Hay veces en que el trabajo de terapia parece no tener fin y, lo que es peor, parece que es estéril.
>
>Desearía poder decir que todos y cada uno de esos chicos que atendí salieron cambiados para mejor y continuaron de esa manera. No puedo. Pero sí puedo decir que me fue dada una oportunidad maravillosa de verlos, por la gracia de Dios, a través de los ojos de mi corazón y pude honrarlos en ese período de tiempo. Es mi esperanza que al buscar lo bueno en ellos, ellos fueron capaces de encontrarlo en ellos mismos.
>
>Romanos 14:19 dice, "Por lo tanto, definitivamente procuremos y diligentemente busquemos que haya mutua armonía y tratemos de edificarnos (y desarrollarnos) unos a otros".[*] Usted puede recordarle a cualquier niño Y a usted mismo: cuando sienta que usted es simplemente un pequeño diente en el engranaje, diga que su Padre es el MAQUINISTA. Usted es hijo de Dios y eso hace que usted sea una pieza importante de la máquina.

Incontables padres y cuidadores pueden testificar que no tenían respuesta para lo que sucedió el día siguiente después de enfrentarse con lo que parecía indiferencia o desesperanza. Sin embargo, le contarán de los milagros que ocurrieron en la vida de sus hijos, en sus experiencias con la familia, amigos y sistemas locales y

---

[*] N. de la T.: Traducción libre de la versión Amplificada en inglés.

foráneos, e incluso en organizaciones. Pero más que nada, los milagros de los que ellos testifican son de experiencias en *ellos mismos*. A través de todo, en todo lo que ocurrió, ¡los transformados fueron ellos!

AGUA EN VINO

En el capítulo 2 del libro de Juan hay una historia de Jesús y Su madre; ellos asistieron a una boda en Caná. En la cultura de aquel día, se esperaba que hubiera vino en la celebración de una boda. No tener abundante vino era un insulto para los invitados. En esta ocasión, el vino se acabó, así es que María le pidió ayuda a su hijo. Ella sabía que Él podía ayudar.

Al principio parecía que Jesús no haría nada. No era Su momento de revelar Su identidad plena. Sin embargo, debido a que los amigos anfitriones de la celebración tenían una necesidad y a que Su madre le pidió ayuda, Jesús les dijo a los sirvientes que fueran y trajeran vasijas grandes con agua fresca. Después de llenar las vasijas, los sirvientes las llevaron ante el encargado del vino. Él probó el contenido. ¡Asombro! ¡El agua no solo se había transformado en vino, sino que sabía igual que el mejor vino, igual a lo que él consideraba ser el mejor vino del rey!

Hubo confusión entre los demás que lo probaron. ¿Por qué, cuando los invitados ya estaban un poquito embriagados y no podían distinguir la diferencia entre vino barato y vino caro, habrían servido los anfitriones tal calidad? ¿Por qué habían guardado lo mejor para el final? Era un misterio para muchos. Solo Jesús y los sirvientes que sabían que el agua se había cambiado en vino obedeciendo la orden de Jesus captaron el milagro. Para los demás, era vino, solo más vino. Sí, era el mejor, pero nadie podía decir que hubiera algo sobrenatural en ese vino.

En esta historia Jesús tomó lo natural y lo convirtió en otra forma de naturaleza –lo mejor de lo mejor que podía ofrecerse– y Él lo hizo con siervos que siguieron Sus instrucciones. Ellos vieron el milagro. Ellos experimentaron lo sobrenatural cuando a los otros solo les pareció un vaso más de vino ordinario.

SEÑALES Y MILAGROS

Dios confirmó a Jesús a través de obras poderosas, prodigios y señales (Hechos 2:22). Dios confirmó Sus palabras con las señales que le siguieron en Marcos 16:20 y el Señor dio testimonio de Su palabra con señales y prodigios (Hechos 14:3). Hay registros consistentes de señales, milagros y prodigios en todo el Nuevo Testamento realizados por Jesús y Sus seguidores (Hechos 2:43; 2 Corintios 12:12; Romanos 15:9).

Pablo y Bernabé hicieron un recuento de las señales y prodigios que Dios hizo por medio de ellos (Hechos 15:12). Los seguidores de Jesús oraron que Dios continuara concediendo señales y prodigios en el nombre de Jesús (Hechos 4:30). Esteban realizó grandes prodigios y señales (Hechos 6:8). Las personas registraron que Felipe realizó señales (Hechos 8:6).

Hay una multitud de referencias a señales, milagros y prodigios en la Biblia. Los milagros pueden suceder y de hecho suceden en nuestros días. Lea la historia de Ron y Cassie y lo que ellos vieron como milagroso.

Nuestro milagro

Todo empezó cuando nos dimos cuenta que nuestra hija Cassie de 4 meses que no veía los movimientos de los juguetes colgados sobre su cuna, pero si movía su cabeza a los sonidos, sin embargo. Sin saber el grado del asunto y angustiados con el simple pensamiento de que tuviera que usar lentes siendo tan pequeña, pensamos que sería mejor que la examinaran.

La prueba mostró que Cassie tenía poca, si es que alguna, percepción de la luz en su retina. Sus ojos tenían un déficit en los conos y bastones y el doctor describió la condición de sus ojos como la de una cámara que funcionaba, pero sin rollo. Nuestra hija era ciega.

Hubo lo que parecieron ser en aquel entonces, pequeños milagros en su crecimiento, pero en retrospectiva, los milagros verdaderos fueron el éxito del apoyo que le dimos. Pudimos llevar a Cassie a que asistiera al sistema de escuelas públicas normal, así como a la universidad, en un tiempo en el que la experiencia y los especialistas para niños con necesidades especiales apenas comenzaban a aparecer.

Algunos considerarían que nuestras victorias no eran milagrosas, pero nosotros sabíamos que Dios había obrado un milagro a favor de nuestra hija. Cassie se graduó de la universidad y es una mujer exitosa. Pudimos también conocer y animar a otras familias con necesidades especiales a lo largo del camino y ser pioneros en el uso de tecnologías que apenas estaban apareciendo y madurando en las décadas de 1980 y 1990.

Han ocurrido cambios milagrosos para otros también. Para Gregory, su TDAH y dislexia eran una lucha constante. Tenía trece años cuando recibió oración específicamente por su condición y sus padres notaron una diferencia inmediata. ¡Los síntomas parecieron desaparecer! Sus padres eran amigos de una familia cuya hija tenía síntomas similares, así es que les compartieron lo que había ocurrido con su hijo. La jovencita fue a recibir oración y al orar él por ella, ¡ella también fue libre!

Justin estaba en otro país, compartiendo el amor de Jesús, cuando una mamá se acercó a este joven y pidió oración por su hijo pequeño que nunca había caminado. Justin nunca había visto un milagro, mucho menos orado por alguien y que recibiera un milagro de parte de Dios. Pero en ese momento, el niño no solo se puso de pie, sino que también caminó. ¡Fue tan asombroso para todos que la mamá hasta se desmayó!

Vanesa se cayó cuando patinaba. La protuberancia bajo su piel parecía un pequeño hueso roto y era muy doloroso. Al orar ella y su mamá, ¡pudieron ver movimiento bajo la piel y el dolor de su tobillo desapareció! Sorprendidas y sin saber exactamente cómo responder, estaban sobrecogidas por el milagro. Gracias, gracias, gracias es todo lo que se les ocurría decir.

Cheryl estaba orando por varias personas cuando escuchó el anuncio de que había milagros en su lado del salón. Ella miró hacia arriba, preguntándose dónde estarían, se dio cuenta de que ¡el anuncio era de las personas por las que ella acababa de orar! ¿Qué? ¿Podían oír? El momento mismo es un misterio, una señal, y un prodigio porque la misma Cheryl seguía utilizando su prótesis para oír.

LA DEFINICIÓN ES LA CLAVE

Margaret y John se lo perdieron por años. Sería hasta mucho después que verían los milagros.

> Viendo hacia atrás, nos preguntamos por qué no vimos los milagros y prodigios que estábamos tan dispuestos a compartir con otros. Creemos que se debe a que teníamos un enfoque: la erradicación del problema. Nada más podía ser una señal o milagro o causar una sensación de asombro a menos que la situación misma desapareciera. Una vez aceptamos en nuestro corazón el hecho de que Dios es bueno y que el cielo es un lugar real, las glorias de Su gracia fueron visibles con más facilidad.
>
> Nuestra hija nos dejó por un tumor cerebral, mucho antes de lo que esperábamos y de lo que habíamos orado. Pero, ¡vea esto! Antes de ir a casa con nuestro Señor, ella creyó en milagros y oraba por otros. Ella vio a Dios sanar y liberar a las personas por las que oró en un tiempo. Era innegable y milagroso. Lo interpretamos como una señal de que su necesidad pronto desaparecería. Pero no fue así. Su tiempo con nosotros fue muchos años más de lo que los doctores dijeron era posible y por eso, estamos agradecidos.
>
> En sus últimas frases, ella habló de creer que ministraría al mundo con el amor de Dios. Solo Dios sabe qué tan cierto era su deseo y cuál su impacto para la eternidad.

La historia de Jason la compartimos antes en el libro, pero a la perspectiva final que su mamá compartió la dejamos para este capítulo hacia el final. Lea cómo las necesidades especiales de un niño cumplieron un propósito especial que impactaría vidas muchos años después.

La escapada de Jason

Jason, como todos nosotros, deseaba hacer la diferencia en el mundo con su vida. Su deseo fue cumplido a través de su interacción con una persona importante en su vida, su cuidadora, Debbie.

Debbie es una maestra para personas con necesidades especiales que le da todo su corazón a cada alumno. Ella le brindó un recreo a Jason en el cuidado que le dio desde que él era pequeño. Durante muchos años ella tuvo el deseo de tener un lugar a donde pudieran ir los niños con necesidades especiales, sus padres e invididuos en casas de cuidado. Un lugar que no fuera muy caro, pero que sí fuera divertido y relajante y que les brindara una experiencia de aprendizaje. Durante dos años, Debbie oró por su deseo, pero no recibió nada: ni dirección ni nada.

Un día, ella estaba ayudando a Jason a vestirse y estaban cantando las canciones que generalmente cantaban para aliviar el estrés de la transición. Él cantaba su canción favorita, "La granja del viejo MacDonald", cuando Debbie tuvo una epifanía. Ella supo con toda certeza que el lugar que había estado buscando en oración debía ser una granja en donde las personas pudieran experimentar a los animales y aprender de la vida en la granja mientras se divertían.

Su revelación ese día la impulsó hacia adelante para iniciar y, en honor a mi hijo, lo nombró *Jason's Getaway* (*La escapada de Jason*). La página en Facebook para el lugar ya funciona, pero no ha logrado recaudar los fondos para iniciar operaciones.

"Yo soy un milagro. Jason es un milagro", dice Debbie. "Vivimos en una relación con un Dios milagroso, amoroso y fiel a través de Su Hijo Jesucristo por la guianza y poder del Espíritu Santo."

¡Jason's Getaway es una señal, un milagro y una maravilla!

ORE

Jesús, Señor y nuestro Redentor, el que es y que era y el que ha de venir:

Es increíble que Tú te refieras a mí como tu amigo. Has dicho que otros te conocerían por nuestro amor. ¡Va más allá del entendimiento de lo alto, profundo, ancho o largo darnos cuenta de que hemos sido llamados amigos del Autor de la creación y Consumador de mi fe! Rindo el futuro a tu amorosa sabiduría para lo que venga, sea una señal, un milagro o un prodigio. Espero el potencial de todos ellos. A la vez, confío en Tus propósitos eternos y elijo ser un milagro de Tu amor, una señal para los que están a mi alrededor, para que se maravillen de cómo es que puedo reposar.

Ya sea que vea un cambio milagroso o no, que lo imposible se convierta en algo posible en mí. De nuevo oro, hasta que te vea cara a cara o en la respuesta que busco, yo creeré que seré hallado en Tu gracia que permanece, mi alma aquietada por Tu paz.

REFLEXIONE

1. Usted tal vez no haya experimentado un milagro de restauración total, pero anhela saber que Su presencia inició una señal, un milagro o un prodigio en su familia. ¿Qué se agita dentro de usted al leer las palabras de Salmos 31:24, "Así que, ¡sean fuertes y valientes, ustedes los que ponen su esperanza en el Señor!"? (NTV)

2. ¿Qué milagros, señales o prodigios puede usted compartir con otros a partir de las palabras en Juan 14:27, "Les dejo un regalo: paz en la mente y en el corazón? Y la paz que yo doy es un regalo que el mundo no puede dar. Así que no se angustien ni tengan miedo".

3. Esta es su oportunidad de dar la vuelta de la victoria y el honor. La vuelta de la victoria la hacen el individuo o equipo ganador para celebrar la victoria. ¿Cómo ha sido consolado y que ahora le permite dar la vuelta de la victoria para consolar a otros,

celebrando eso en lo que Dios lo ha acompañado? Considere decir una oración por esas personas hoy, aunque no las conozca de nombre o sus circunstancias. "Toda la alabanza sea para Dios, el Padre de nuestro Señor Jesucristo. Dios es nuestro Padre misericordioso y la fuente de todo consuelo. Él nos consuela en todas nuestras dificultades para que nosotros podamos consolar a otros" (2 Corintios 1:3-4).

Capítulo 14

Infinito finito - ¡Limitado pero ilimitado!

De diagnosticado con falencias y limitaciones a un potencial creativo, eterno, ilimitado

En una noche muy especial, Doug compartió con su grupo un dibujo de su hijo Peter. La enfermedad de Peter hacía que él pasara la mayor parte de su día en la silla de ruedas, por lo que pasaba ese tiempo dibujando. El dibujo que Doug compartió era un ave kiwi muy bien ilustrada. Abajo de ella, Peter había escrito, "¡Dios te ama, aunque no puedas volar!"

El joven Peter había descubierto una semejanza entre él y el ave kiwi. Pero más importante todavía fue su revelación—una que iba más allá de sus años—del amor de Dios. Él entendió que Dios ama a cada uno de Sus hijos indistintamente de sus habilidades.

KIWIS

Los kiwis son aves endémicas de Nueva Zelanda, no tienen cola y tienen unas pequeñísimas alas de 2 pulgadas que, para fines prácticos, son inútiles. Aunque tienen alas, los huesos en su pecho no tienen la capacidad para dar cabida a los músculos usados en el vuelo, lo que un ave también necesita para volar. A pesar de su apariencia torpe, los kiwis tienen habilidades que otras aves no tienen. Pueden correr más rápido que un humano. Pueden sobrevivir porque siempre están en alerta y tienen patas con 3 dedos, lo que les permite patear y aguijonear al enemigo.

¿Le parece muy obvia la comparación? Tal vez su tesoro no puede "volar" en una clase de escuela pública ni con sus tareas como otros niños. Él o ella tal vez no pueda volar con comportamientos socialmente aceptables o devolver el amor y afecto que usted le prodiga. Tal vez su hijo no pueda volar por la calle corriendo o tan siquiera pasar un día sin hacer enojar a alguien más. Aun así, a su estilo, su hijo sí puede volar.

¿Qué piensa usted cuando ve a mamás y papás que parecen ser super héroes en la película más reciente al comparárseles con usted? De alguna manera, pareciera que ellos logran manejar más responsabilidad en un día de la que usted maneja y, para colmo, lo hacen todo con más facilidad. Sus logros lo hacen sentir más cansado de lo que ya se siente, con tan solo verlos. Se pregunta, *¿En dónde están mis alas?*

Al escoger y filtrar la gran cantidad de decisiones que toma en un día, trate de recordar cuánto lo ama Dios a usted y a sus hijos justo ahora, tal como son. Su amor no solo es un sentimiento profundamente sincero. Es práctico. Es empoderador. Es eterno. Usted tiene, inherentemente, ADN espiritual como el de Dios –son los rasgos familiares de Dios. Usted y su hijo son valiosos para Él. Usted es Suyo, aunque nadie en la familia "vuele igual que las otras aves".

CAPACIDADES DEL TIPO ASTRO BLASTER

¿Alguna vez vio la película *Buzz Lightyear*? Su personaje principal, Buzz, es un personaje animado de Disney que viste un traje espacial color blanco. Cuando presionan el botón del frente de su traje, se despliegan las alas. Justo antes de despegar, él grita "¡Al infinito y más allá!"

El juego mecánico Astro Blasters de Buzz Lightyear en Disneylandia se asegura de que todos sepan que Buzz tiene capacidades Astro blaster. Las bocinas retumban con el mensaje que prepara a los pasajeros para el viaje. Invitan a los visitantes a unirse a Buzz enlistándose en las fuerzas defensoras del espacio para destruir el plan del enemigo. Los paralelismos entre Dios y Sus recursos poderosos disponibles para usted como padre de un niño con necesidades especiales aparecen entre corchetes en la descripción del paseo a continuación:

> Primero, Buzz Lightyear y la Alianza Galáctica apelan a los pasajeros deslumbrados y piden su ayuda abordando la atracción para acabar con los objetivos enemigos y salvar una galaxia imaginaria con la frase que ya nos es familiar, "¡Al infinito y más allá!"

Los pasajeros acuerdan enlistarse en el Comando Estrella [*Dios y Sus ángeles*] como Cadete del Espacio [*creyente comprometido*] para unirse a su brigada [*cuerpo de Cristo*]. ¿Cuál es su noble objetivo? ¡Destruir al enemigo! Destruirán el ejército de Zurg y truncarán su plan maligno: robar las baterías [*la fuente de poder*] de los juguetes buenos ¡para que Zurg pueda dar ese poder a su Máxima Arma Secreta [*muerte*]!

En la sala de reuniones [*cuarto de oración*], los pasajeros ven el mapa secreto del a Alianza Galáctica y tienen un encuentro personal con Buzz Lightyear en persona [*el Espíritu Santo*]. Buzz les cuenta de la aventura de su vida que les espera justo ahora: unirse a él para salvar a los Pequeños Hombrecitos Verdes y derrotar a los robots malvados de Zurg que roban las baterías.

Luego viene la capacitación. Los pasajeros aprenden cómo usar el Astro Blaster [*destreza y conciencia espiritual*], una pistola espacial de juguete que emite un láser que no hace daño a la vista. Cuando ya todos están asegurados en sus lugares, la atracción avanza y tiembla, con sonidos fuertes de batalla en todos lados y el enemigo es derrotado. ¡Ha regresado la paz al planeta!

"¡Al infinito y más allá!" en el reino eterno de Dios es su futuro y el futuro de su familia para siempre y siempre. En otras palabras, los humanos finitos que han dado su vida a Jesús tienen posibilidades infinitas de una vida victoriosa. Tienen la garantía de que sus vidas van más allá de los límites de esta tierra y al infinito: de limitado a ilimitado. Pueden pasar a toda velocidad las barreras hacia lo desconocido con Jesucristo como su Comandante.

Mantener esta perspectiva eterna en la mira puede ayudarlo a adaptar la falta de alas de su hijo y, a la vez, ayudarlo a usted a permanecer atento a los talentos y habilidades especiales, sorpresa.

CAPACIDADES Y DISCAPACIDADES

¿Alguna vez leyó esas historias de jóvenes con autismo que se graduaron de la universidad? Es verdad que no todos los niños con autismo son en realidad autistas prodigio. Pero cuando un padre entra a la búsqueda del tesoro para encontrar las capacidades detrás de las necesidades especiales visibles u ocultas de su hijo, por lo general encontrará más de lo que está plenamente a la vista.

La historia de lo que ocurrió en la vida de un chico en Indiana con autismo y un CI de 170 no es única. En cada escuela en la que sus padres trataron de inscribirlo lo definían como "no apto para un aula regular". La situación no lucía bien, pero su madre siguió buscando formas creativas para colocarlo en un ambiente de aprendizaje que abriera el cerrojo a lo que ella sabía era la verdad del intelecto de su hijo.

Asombrada un día por la habilidad de él de repetir complejos sets de información acerca de formaciones de estrellas, la mamá comenzó a explorar si había formas más integrales de liberarlo para que manifestara todo su potencial. Los especialistas siguieron clasificándolo a él y a sus capacidades de manera incorrecta, mientras que su mamá intencionalmente le daba oportunidades de aprender y crecer y prosperar. Con el tiempo, su diagnóstico cambió de severamente limitado a ilimitado. Sus capacidades eran tales que los expertos decían que tenía potencial para ganar el muy afamado Premio Nóbel de Física.

¿Quién se lo hubiera imaginado? ¡Solo Dios y esta madre diligente! ¿Y cuál podría ser la tarea eterna de este chico? Solo Dios tiene esa respuesta. Es un misterio. De igual forma, los padres de este talentoso joven y los padres de niños con necesidades especiales tienen una infinidad de misterios fascinantes por descubrir a medida que su hijo crece.

Misterio es una palabra que intriga y asusta. La manera en la que funciona un televisor es un misterio para muchos; sin embargo, la usan sin ningún problema. Aunque los detalles de cómo funcionan las computadoras son un misterio para la mayoría de personas, las personas pasan horas haciendo uso diariamente de todo lo que las computadoras tienen para ofrecer.

DE FINITO A INFINITO

¿Cuál será su asignación y la de su hijo cuando cruce el umbral de la tierra al cielo, de lo finito a lo infinito? Es uno de esos misterios gloriosos, más allá de su capacidad limitada de soñar. Los misterios eternos no están diseñados por Dios para ser atemorizantes. En su lugar, pueden elevar y extasiar la imaginación. ¡Caramba! ¡Vida sin limitación!

Su plenitud está siendo revelada en su existencia diaria. La bondad de Dios es inconmesurable. Usted y su hijo pueden tener un impacto trascendental en los que los rodean. Ustedes son conductos de esperanza e instrumentos que portan lo que otros necesitan de Su gracia, bondad, gloria y paz multiplicada.

El Creador nos dio una mente natural para lidiar con cosas naturales. Nos dio una mente finita para lidiar con el mundo finito. También nos diseñó con un espíritu infinito para relacionarnos con Su naturaleza infinita. No podemos tomar a un Dios infinito y hacerlo entrar en una mente finita, aunque nuestro espíritu sí puede captar Su Espíritu infinito.

La expresión "el cielo es el límite" es una verdad a la que nos podemos aferrar para derrotar las "hormigas en nuestro día de campo" y cualquier "gigante amenazador". La Palabra de Dios, la Biblia, se convierte en Espíritu y vida para todo nuestro ser al pasar nosotros tiempo absorbiendo las verdades poderosas que en él hay. La Palabra habla a nuestro espíritu y con esas verdades levanta nuestros límites.

Denette, mamá de Bill, veía que su hijo luchaba por mantenerse al paso con los otros chicos de su edad. Un día, su mamá lo llamó aparte para animarlo con una perspectiva eterna. "Bill, un día tú podrás caminar y correr al igual que los otros chicos." La respuesta de Bill tenía total seguridad. "Mamá, yo no solo voy a correr. ¡Yo voy a volar!"

LO MEJOR DE LO MEJOR DE DIOS

Cada una de las etapas de Nancy Miller para la paternidad de transformación tiene desafíos, pero la *etapa de separación* es singular para cada familia. La etapa de separación incluye eventos tan diversos como dejar que el hijo salga al patio sin sostenerlo de la mano hasta la partida física de un hijo para entrar al cielo.

Por lo general, cuando llega la hora de soltar en algún nivel, los pensamientos de *no he tenido suficiente tiempo para prearar a mi hijo adecudamente* bombardean la mente. ¿Habré hecho todo lo que podía? O, *siento que es demasiado pronto* son respuestas comunes. Y, por supuesto, cuando es hora de dejar ir a un hijo a los brazos de Jesús, ¿qué momento podría jamás ser el adecuado?

La abuela Carol Martin compartió la historia de separación en la familia de su hijo.

Lo mejor de lo mejor de Dios

Mi nieto, Ryan, fue diagnosticado a los tres años con autismo. A los catorce años, fue llevado a un hogar grupal manejado por el estado en donde vivían, para vivir la vida como un niño con autismo de bajo funcionamiento. El hogar quedaba a unas tres horas de donde vivía su familia.

Las cosas en casa habían llegado a ebullición, con peligro para la familia y otros. La ansiedad y frustraciones de Ryan se habían manifestado con golpes, pellizcos muy dolorosos y acciones repetitivas y obsesivas sin noción de límites. Durante años, Ryan había tomado medicinas fuertes antisicóticas y ansiolíticos para moderar su comportamiento y reacciones. Los intentos por quitarle las medicinas resultaban en comportamientos negativos todavía más severos. En palabras de mi hijo, la familia estaba "vencida" y no tenía más para dar.

Para mí, ver que Ryan iba a vivir fuera del hogar familiar fue una situación dolorosa y triste, aunque era una decisión necesaria. Para su familia inmediata, la decisión de colocar a Ryan en un hogar grupal vino con ansiedad, pero también alivio; sus "corazones argumentaban con sus mentes" los días antes de su mudanza. Una amiga muy querida oró por mí por esta situación. Su oración fue por "nada más que lo mejor de lo mejor de Dios para la familia de su hijo".

Después de catorce años llenos de temores, experiencias inesperadas y emociones y lágrimas interminables, lo mejor de lo mejor de Dios estaba sucediendo para Ryan y su familia. Ryan estaba en un hogar seguro con personas calificadas que podían cuidar de él y que tenían la energía, paciencia, cuidado y sabiduría para llegar a él y enseñarle y suplir sus diversas necesidades. Un año antes, esa posibilidad ni siquiera aparecía en el radar; toda la familia se estaba hundiendo más y más con el peso de los desafíos de cuidar de Ryan en casa. Dios estaba comenzando la sanidad y restauración que todos necesitaban en sus vidas.

El fin de semana luego de ubicar a Ryan, la familia fue a visitarlo por primera vez desde su mudanza. Almorzaron bien juntos con muchos abrazos y cariño, tal como debe ser una familia. El personal del hogar grupal contactó a los papás después para contarles que Ryan se había desempeñado muy bien la semana después de la visita y que la visita familiar era algo realmente bueno para él. Esta llamada fue, en realidad, un informe de parte del Señor, pues animó a sus papás. Con expectativa hacían los arreglos para tenerlo en casa durante tres días para el feriado que se avecinaba.

Doy gracias a Dios por acompañar a Ryan, su familia y a todos nosotros a través de esta temporada tan dura de la vida. ¡Hemos cruzado al otro lado y creo que hay esperanza, sanidad y un futuro resplandeciente para la familia completa!

***

¿Vale la pena?

Hay hermosas flores que parecen desafiar a la estación.
Hay estaciones para florecer tan cortas que uno se maravilla
para qué florear por tan poco tiempo.
Una evaluación comercial de sentido común preguntaría,
"¿Valdrá la pena?"
La respuesta lógica sería,
"¡No, a menos que obtenga una buena ganancia!"
Si usted decide plantar, regar y cultivar,
¿cuánto beneficio sería suficiente
para considerar que el trabajo valió la espera?

Estaciones árticas

En el Ártico, las flores parecen aglutinar a tres estaciones en una sola.
¿Importa acaso cuánto duren las flores?
Los rojos profundos, espléndidos morados y relucientes amarillos
comparten la obertura de la floración.
En su breve visita, cada una revela invaluables tesoros.

***

¿CUÁNTO TIEMPO ES SUFICIENTE?

La historia de Elaine acerca de la separación puede ofrecer tesoros reveladores para lo que viene en el futuro para usted.

Tan fácil como quedarse dormido

Las etapas de *separación* ocurren repetidamente hasta que ya no haya más separación posible. Saber que Matt solo viviría hasta el inicio de la adolescencia fue algo difícil de manejar. Eso fue lo que los doctores nos dijeron cuando lo diagnosticaron inicialmente a la edad de cuatro y medio años.

En respuesta, decidí quedarme en casa y cuidarlo. Con la ayuda de la tecnología y la voluntad de Matt de vivir, pudo vivir muchos años más.

Cuando Matt se graduó de la secundaria, asistió a un ciclo de la universidad y después pasaba mucho tiempo conmigo en casa. Cuando tenía unos veintiún años, me pareció que se estaba debilitando más y más. Una vez tuvo que ir al hospital con una infección de las vías respiratorias superiores y le salió una pequeña llaga por estar en cama que tardó casi diez meses en sanar.

Yo trataba de hablarle a Matt del cielo y cómo sería. Trataba de compartirle lo que mi esposo y yo sabíamos que era la verdad en las Escrituras. Los versículos como 2 Corintios 5:8, "Sí, estamos plenamente confiados, y preferiríamos estar fuera de este cuerpo terrenal porque entonces estaríamos en el hogar celestial con el Señor" (NTV) eran un consuelo. Yo quería que él estuviera preparado y yo misma quería estar preparada, también.

Yo necesitaba al menos de cuatro personas que me ayudaran a cuidar de Matt. Hubo un momento en el que Matthew solo podía estar en su silla de ruedas durante tres horas. Finalmente, fue necesario llevarlo a un hospicio sin saber exactamente cuánto tiempo estaría ahí. Resultó que estuvo en ese hospicio durante dos años y medio. Siempre tuve miedo de que la aseguradora me dijera que había permanecido en el hospicio por demasiado tiempo, pero afortunadamente, nunca sucedió.

Durante los años de hospicio, yo escribía en mi diario, oraba a Dios y le preguntaba porqué Matt no había recibido sanidad física pues yo creía que Dios es sanador y había orado por su sanidad durante más de veinte años. Recuerdo claramente que Dios me dijo que Su interés era más en el corazón interno que en el físico. Aunque no lo crean, esta verdad me liberó.

Me dí cuenta de que Matt tenía un llamado de Dios para su vida. Él amaba al Señor y compartía de Cristo con todo los que cuidaban de él. No podía pasar las hojas de la

Biblia, por lo que los que lo cuidaban escuchaban atentamente cunado él les leía en voz alta y pasaban las páginas por él. Cuando le resultó muy difícil leer, ellos se lo leían a él. Yo sabía que el corazón de Matt era uno con el de Dios. De ese día en adelante, yo sabía que Matt estaba haciendo lo que Dios lo había llamado a hacer. Él era un predicadr de las Buenas Nuevas del amor de Dios para esas damas tan especiales que cuidaban de él.

Mi lema fue entonces y sigue siendo hoy el ¡*vivir cada día sin remordimientos*! No sirve de nada jugar el juego mental de 'ojalá hubiera', el 'podría tener' o el 'debí haber' tal cosa. Mi objetivo era que cuando Matt volviera a casa para estar con el Señor, él no tuviera ninguna llaga ni estuviera enfermo con catarro o gripe.

Nuestro milagro se hizo realidad. Matt estaba viendo una de sus películas y simplemente se quedó pacíficamente dormido.

Hay una historia bastante conocida estos días de cómo es el cielo para los niños y para aquellos que han confiado en Cristo como Salvador y Señor antes de pasar a la vida eterna. En el libro *El cielo es real: La asombrosa historia de un niño pequeño, de su viaje al cielo de ida y vuelta* por Todd Burpo, se da la historia de un niño al que se le revienta el apéndice. Durante su tiempo en el hospital, él tiene un encuentro con Jesús en el cielo. Al percatarse sus padres que algo maravilloso ha ocurrido, con cautela le hacen preguntas simples, pacientemente esperando que revele su asombrosa historia. Surge con simplicidad infantil. Por ejemplo, cuando le preguntan si vio a las personas caminar o volar en el cielo, la respuesta simple del niño fue que en el cielo todos volaban.

Los encuentros del niño en el cielo presentan una fuerte semejanza al corazón revelado de Dios y a la descripción del cielo en la Biblia. Están llenos de personas reales que disfrutan unos de otros. Qué enormemente alentador leer historias en este libro que presentan la descripción de la realidad presentada en la Biblia. El hecho de que el cielo es real y el hecho de que tenemos parientes viviendo allá son fundamentales para nuestra idea de que continuaremos por la eternidad.

Cuando esas personas que usted ama entran a ese ámbito de amor y glorioso, ayuda saber que un día los volveremos a ver. Pero su partida sigue siendo una tremenda pérdida para cada persona que permanece en la tierra. "No dejen que el corazón se les llene de angustia; confíen en Dios y confíen también en mí. En el hogar de mi Padre, hay lugar más que suficiente. Si no fuera así, ¿acaso les habría dicho que voy a prepararles un lugar?", dijo Jesús en Su última noche en la tierra con los discípulos (Juan 14:1-2, NTV). Su partida significa que Él ha preparado un lugar eterno y maravilloso especialmente para usted. Lo que queda implícito, pero no está dicho es que el Espíritu Santo llega a su vida acá en la tierra para hacer de usted un hogar que corresponda con su habitación eterna. Él se muda para vivir en usted y luego un día, Él lo muda a usted a su hogar.

Emily Zimbrich experimentó una intervención de parte de Dios en el dolor de separación al perder a su esposo.

> Una semana antes de nuestro trigésimosexto aniversario de bodas, mi vida cambió para siempre. Mi esposo Gene repentinamente falleció mientras dormía. Al pasar los días y los meses, el pesar se me hizo insoportable por momentos hasta que un nevado día unos seis meses después, escuchaba un CD por Graham Cooke mientras limpiaba. Recuerdo estar de pie frente al lavabo en el baño cuando lo escuché decir, "El tiempo del luto ha terminado".
>
> Miré hacia arriba y sentí que ese dolor arraigado físicamente en mi cuerpo salía como con un soplido. Fue un milagro. Después de ese día, me sentía más liviana, con más energías y el llanto paró. Hoy, casi cinco años más tarde, sigo extrañándolo y deseando que estuviera conmigo, pero la pesadumbre que se fue aquel día no volvió.

Al prepararse para la etapa de separación en su vida y en la vida de otros que usted ama, sepa que usted está siendo invitado a una realidad superior. No es imaginación. No es solo pensar de forma positiva. Es la realidad de la vida eterna y sobrenatural en Cristo Jesús, su Salvador, Señor y amigo por siempre.

***

Kiwis

¡Los pájaros kiwis no pueden volar!
¿Saben los expertos el porqué?
Tienen cada pieza en su lugar,
pero los vuelos no pueden alzar.
¿Qué pasaría en el vientre?
¿Qué los detuvo?
¿Pasó algo demasiado rápido?
¿Qué hizo que esa parte
cayera del regazo?
¿Qué se puede hacer?
¿Quién tiene la respuesta?
¿Seré yo?
¿Será él?
¿Serás tú?
¿Acaso toda ave tiene que volar?
¿Deben todas las personas ser como tú o como yo?

***

OTRAS ALAS

¿Debería permitírsele a este incidente pasajero en la vida ser el único factor determinante de su identidad y destino?

El Autor de la Vida lo invita a la vida de Dios para que esté satisfecho en Él, tanto ahora como para siempre. La aventura de separación de Dios no es aburrida, sino que es gloriosa. Usted puede experimentar Su naturaleza multifacética y eterna—llena de Su bondad, no hay nada de oscuridad, aprensiones, ni nada feo en ella. Belleza brillante a lo interno y externo llenarán su ser completo con amor majestuoso e incalculable.

Al empezar en este "recorrido de aventura", experimentará cosas maravillosas y extraordinarias que Él planeó desde hace mucho tiempo. Luego, cuando sea el momento para que usted o los que usted ama partan de la tierra, para pasar al ámbito del cielo, habrá un nuevo inicio glorioso para toda a familia de Jesús. Usted podrá regocijarse porque en Él tiene vida eterna y porque volverá a unirse a aquellos que le antecedieron.

Filipenses 3:20 dice, "Nosotros, en cambio, somos ciudadanos del cielo, y esperamos que de allí vuelva nuestro Salvador, el Señor Jesucristo". Hechos 1:11 lo presenta así, "Entonces aquellos dos les dijeron: 'Hombres de Galilea, ¿qué hacen ahí, mirando al cielo? Acaban de ver que Jesús fue llevado al cielo, pero, así como se ha ido, un día volverá'".

Sin importar qué cosas no sucedan acá y ahora, usted y su hijo son el galardón de Dios y Él ha preparado un lugar para ustedes. Él hace la diferencia en su realidad hoy y en su realidad eterna al continuar usted buscándolo para recibir la plenitud de identidad, perdón, fuerza, sabiduría y propósito eterno—¡al infinito y más allá!

Es importante darse cuenta de que el infinito comenzó el día que usted fue concebido. Como creyente en Jesucristo, el Hijo de Dios, su residencia eterna fue determinada el día que usted "nació de lo alto" como ciudadano del cielo. Así es. Usted volará. Usted es hijo del infinito finito. ¡Lo espera una aventura electrizante!

MÁS ALLÁ

Salmos 8:1-4 dice, "Dios, resplandeciente Señor, el tuyo es nombre conocido. Los bebés de pecho gorjean canciones acerca de ti; los bebés mayorcitos gritan cantos que ahogan la voz del enemigo, y silencian la farfulla del ateo. Veo hacia tus macro cielos, oscuros y enormes, la joyería celestial hecha por tu mano, la luna y las estrellas engarzadas. Luego veo mi micro yo y me maravillo, ¿por qué ocuparse de nosotros? ¿Por qué te molestas en mirar en nuestra dirección?"*

---

* N. de la T.: Traducción libre de la versión *The Message* en inglés.

Después de leer este pasaje, su primer pensamiento probablemente sea igual al de muchos otros. "¿Por qué molestarse en mirar en nuestra dirección?" Ésa es una excelente pregunta. ¿Qué es lo que Dios, el creador del cielo y la tierra, ve de gran estima en la humanidad? La respuesta es Su semejanza, Su familia y el destino personal suyo.

El Dios de vida es para siempre. Veremos a nuestros seres queridos otra vez en la siguiente ronda de la vida. Experimentaremos lo que significa tener un destino eterno; una extensión compleja y más allá de su imaginación del propósito espiritual original y talentos que Dios diseñó en cada uno de nosotros. La existencia en la tierra puede ser finita, pero la vida eterna es infinita.

El amor de Dios desafía nuestra imaginación y la deja anonadada. Su deseo por abrazarnos como Su familia va más allá de nuestra capacidad de maravillarnos. Él nos permite participar de este secreto increíble. La vida eterna empieza ahora, no solo cuando morimos. Ahora podemos abrazar el infinito al llegar a conocer progresivamente al Dios verdadero y a Su Hijo Jesucristo (Juan 3:15-16; 6:40; 17:3). La Biblia es definitiva en el hecho de que un día cada uno tendremos un cuerpo glorificado (1 Corintios 15:44). Nuestra curiosidad no podrá más que preguntarse cómo será aquello.

Lea el recuento de Jesús después de Su resurrección. Sus seguidores lo reconocieron. Él hablaba como Jesús y Él comió con Sus amigos y disfrutó de su compañía. Por supuesto, sí se habían llevado a cabo cambios extraordinarios. Él podía caminar a través de las paredes, aparecer cuando quisiera y trasladarse de la tierra al cielo como uno que asciende en las nubes.

Jesús fue claro: al aparecerse luego de Su muerte y sepultura y vestido de Su nuevo cuerpo espiritual glorioso, hablando, comiendo y enseñando, mostró que la vida va más allá de la sepultura. La historia de Todd Burpo en el libro *El cielo es real* es solamente uno de varios libros que hablan de las gloriosas realidades de la vida después de partir de la tierra.

El joven Todd experimentó el reconocer a los seres queridos en el cielo y tener un cuerpo nuevo y perfecto durante la eternidad—

¡uno que podía volar! De igual modo, ¡todos los que creen en Él volarán más allá de cualquier cosa que pudieran pedir o soñar!

La vida celestial, como lo revelan estas historias y descripciones, no es una existencia etérea, informe y vaga de una persona en donde los espíritus se convierten en uno y flotan por ahí. Más bien, la vida en su mejor expresión es catapultada hacia un éxtasis jubiloso con intención y propósito divinos. El cielo es un lugar real con hogares tangibles y personas reconocibles, rebalsadas de gozo indescriptible. Y, puesto que ése es el destino milagroso de los cristianos, ¿cuándo podríamos decir que la vida en realidad "termina"?

Así es que continúe perseverando, para que habiendo acabado todo esté firme y confiado, como nos anima Efesios 6:13-14; esto será cuando los límites terrenales estallen volcándose hacia la inagotable y eterna maravilla celestial. Continúe en lo que usted sabe que le fue revelado por su Hacedor y, como me dijo el Señor al corazón: "¡Hasta que te vea cara a cara o en la respuesta que busco, que pueda yo ser hallada en Tu gracia que permanece y mi alma sea aquietada por Tu paz!

Recuerde estas palabras de "Ranúnculos bajo el hielo"

> Pero recuerda que la vida se extiende más allá de esta hora.
> Confía en el amoroso cuidado de Dios y su voluntad para darte poder. Para quienes tiene ojos para ver, la naturaleza predica una historia de esperanza.
> Considere la creación y las muchas lecciones que aprendemos de la flor, mariposa o el gusano de la seda.
> ¿Y cuál es su buena noticia?
> Hay razón para la esperanza detrás de cada velo oscuro.

Mantener una perspectiva saludable, nacida de Dios, conforta el alma dolida y mantiene abiertos los ojos para ver la obra de Sus manos, esa que nace en los minúsculos cambios progresivos y en la provisión drástica, creativa y sobrenatural.

ORE

Jesús, te doy gracias. Tú devoraste la muerte en victoria. ¡Tú eres la resurrección y la vida! El cielo es un lugar real. La vida se extiende más allá de esta hora y para siempre—gloriosamente milagrosa, hermosa y llena de la vida de resurrección mucho más allá de mi imaginación.

Infinito es una palabra que quita el aliento, así es que no Tú no te sorprendes con que estas verdades estén fuera de mi comprensión. Pero gracias a Ti, mi Padre celestial, en Tu creativa majestad y por medio de ella, has encontrado la manera de darme una noción del conocimiento, una que rebasa todo lo que el razonamiento pueda decir. Ayúdame a creer, recibir y percibir Tu señales, milagros y maravillas. Ciertamente, ¡estoy agradecido por Tu eterna grandeza que me eleva más allá de las limitaciones de la simple humanidad!

REFLEXIONE

1. ¿Dependen la identidad y el valor de la cantidad y calidad de la esfera de influencia dominante que uno experimenta durante la vida acá en la tierra, solamente? ¿O de la duración de la permanencia? ¿De las habilidades comparadas con otras? ¿Se ve desafiada su perspectiva de lo que es valioso con la respuseta que dio?

2. ¿Sabe usted o ha oído acerca de los dones, talentos, personalidad y propósitos de alguien que fueron evidenciados en medio de sus necesidades especiales y que resultaron ser más profundos de lo que alguien jamás hubiera imaginado?

3. Lea 1 Corintios 12:21–26 y piense en las habilidades y necesidades especiales de su hijo.

   > El ojo nunca puede decirle a la mano: 'No te necesito'. La cabeza tampoco puede decirle al pie: 'No te necesito'. De hecho, algunas partes del cuerpo que parecieran las más débiles y menos importantes, en realidad, son las más necesarias. Y las partes que consideramos menos honorables son las que vestimos con más esmero. Así que protegemos

con mucho cuidado esas partes que no deberían verse, mientras que las partes más honorables no precisan esa atención especial. Por eso Dios ha formado el cuerpo de tal manera que se les dé más honor y cuidado a esas partes que tienen menos dignidad. Esto hace que haya armonía entre los miembros a fin de que los miembros se preocupen los unos por los otros. Si una parte sufre, las demás partes sufren con ella y, si a una parte se le da honra, todas las partes se alegran. (NTV)

4. Su "ave kiwi" tal vez no pueda volar como las otras aves, pero ¿de qué maneras se remonta por el aire su hijo? ¿Cómo vuela su ave kiwi?

Epílogo

La trompeta de palabras proféticas

Escribir este libro ha sido un increíble viaje de fe y lucha. Fue concebido hace muchos años y el trabajo de materializarlo ha sido largo y complejo. En cada paso y retroceso en el camino, sin embargo, la mano del Señor ha sostenido la mía. Él ha guiado mis pies al lugar en el que hoy me encuentro; le ofrezco a usted estas palabras de esperanza y aliento.

Gracias sean dadas a Dios, la vida cristiana es mucho más que solo aprender cómo ser obediente a un grupo de estándares. Nuestro Señor Jesús nos anima con esperanza y propósito divino. Las imponentes revelaciones de Su maravillosa naturaleza diseñadas para la expansión del universo creado están ahí para nuestro deleite. Él comienza al darnos una pequeña muestra. Nos da responsabilidad y la oportunidad de manejar nuestras familias y hogares, luego comunidades, estados y hasta naciones –en todo lugar en donde nuestra esfera de influencia puede hacer la diferencia. Su propósito eterno es ampliar nuestra influencia por todo el universo. Su plan es una transformación unificada diseñada para ser infinita y perpetua.

Sus desilusiones y desafíos son el campo de entrenamiento para capacitar a las fuerzas de operaciones especiales y privilegiadas. Usted está convirtiéndose en la paz que sobrepasa el entendimiento. Usted está siendo capacitado para impartir sabiduría y valor.

Dios no inició los rasgos negativos, desafiantes ni las circunstancias difíciles que su hijo con necesidades especiales trajo a su vida. Las circunstancias mismas han hecho que usted sea elegido en ellas. Su disposición a acudir a Él continuamente mientras lleva a cabo su tarea como padre de su hijo con necesidades especiales se ha convertido en el factor que lo clasifica. Usted se ha convertido en el elegido de Dios para una capacitación especializada que culminará en Sus propósitos gloriosos y eternos y en su destino eterno.

El entrenamiento para las operaciones especiales es suyo en Cristo Jesús. Usted hará un impacto significativo. Usted está en compañía de multitudes de padres con potenciales similares. En todo ello, usted está siendo equipado para llevar Su naturaleza pacífica, clemente, esperanzadora y con fe conquistadora.

Usted está emergiendo para entrar a una relación personal más plena con Sus caminos. Está haciéndose parte de la respuesta para aquellos que podrían, por el momento, no tener idea de cómo vivir victoriosamente en el continuo caos, desilusión, pérdida, dolor o desastre. Usted está adquiriendo las destrezas en misericordia, dar, servir, en la paz que sobrepasa todo entendimiento y en la expectativa de un milagro de la gracia y bondad de Dios. Su resiliencia se está convirtiendo en una fortaleza.

Dios quiere concederle visión para el significado eterno. Nuestro mundo gime por que surjan personas como usted, que emerjan los verdaderos hijos e hijas de Dios. Ese es su caminar en el Espíritu como un transformador transformado, que expande y demuestra lo que es el Reino de Dios en la tierra hoy (Romanos 8:19). Ese reino es más que cifras de personas y reuniones de creyentes en iglesias en servicios dominicales. Es el lugar real en donde viven las personas con la naturaleza de Su reino expresado en sus vidas y a través de ellas. Ese es el reino de Dios. Es ahí en donde el Rey no solo reside sino gobierna, en donde Su caracter y Sus caminos son obvios.

Se le reconcen méritos en el cielo por cada momento que da. Usted tiene el potencial de inclinar la balanza a favor de su nación. Cuando las naciones vengan delante de nuestro Señor, como lo describe Mateo 25:31-34 sucederá lo que la Biblia describe como el momento definitorio eterno para cada nación. Emergerán dos grupos: ovejas y cabritos. ¿Y cuáles son los factores decisivos para cada uno?

> "Cuando el Hijo del hombre venga en su gloria y todos los santos ángeles con él, entonces se sentará en su trono de gloria, y serán reunidas delante de él todas las naciones; entonces apartará los unos de los otros, como aparta el pastor las ovejas de los cabritos. Y pondrá las ovejas a su derecha y los cabritos a su izquierda. Entonces el Rey dirá a

los de su derecha: "Venid, benditos de mi Padre, heredad el Reino preparado para vosotros desde la fundación del mundo." (RVR1995)

El Rey después les dice porqué. La manera en la que trataron a los hambrientos, los pobres, a los desnudos, los que estaban en prisión o enfermos, fueron los factores decisivos. En esa lista van también sus sacrificios como padres.

El Hijo del Hombre comparte después de Su amoroso corazón por las personas al explicar que cuando ellos realizaron cualquiera de estos actos de bondad por alguien, sin importar qué tan pequeños o sin importancia considere el mundo sus esfuerzos. Ellos recibieron felicitaciones por ministrar al Señor Jesús mismo. Su Señor y Salvador Jesucristo considera lo que usted hace por otros personalmente y lo ve como si usted se lo hubiera hecho a Él.

Al ministrar al menos a uno de éstos, dirá Él, lo habrás hecho para mí. ¡Recibe ahora tu recompensa: el Reino!

Es posible que usted haga la dferencia en cuanto a dónde estará su nación ese día –a Su derecha o a Su izquierda– como nación oveja o nación cabra. Los actos individuales son iguales a la bendición colectiva eterna. Paso a paso, acción por acción, la bondad se va acumulando y Dios pone atención. Usted bien podría ser una de las personas que incline la balanza a la derecha con su servicio continuo hacia su familia y sus necesidades especiales.

Usted está siendo transformado. Se le hace cada vez menos y menos difícil representar Sus caminos. La aventura real de la paternidad está en marcha. Al seguir llenando su mente con Sus pensamientos, usted crecerá en entendimiento y sabiduría. En ello, Su poder transformador renovará su mente (Romanos 12:2). Al ser renovada su mente, seguirán las acciones y su influencia positiva se hará obvia. Ocurrirán todo tipo de resultados inimaginables. Usted vivirá una vida del Reino. Su transformación es continua.

Filipenses 3:20-21 dice, "En cambio, nosotros somos ciudadanos del cielo, donde vive el Señor Jesucristo; y esperamos con mucho anhelo que él regrese como nuestro Salvador. Él tomará nuestro débil cuerpo mortal y lo transformará en un cuerpo glorioso, igual al de él".

***

Trompetas

¿Qué anuncian las trompetas de Dios? Mi Jesús viene, prepara el camino.
Cuando Jesús la trompeta tocó, ¿cuál acorde usó?
Yo soy la preparación y ahora soy Señor.
¿Cuál es el sonido que ahora debemos soplar?
¡Al mismo Jesús que vendrá anunciamos, hasta que con la última trompeta nosotros también partamos!

***

Apocalipsis 11:15 dice, "Entonces el séptimo ángel tocó su trompeta, y hubo fuertes voces que gritaban en el cielo: 'Ahora el mundo ya es el reino de nuestro Señor y de su Cristo, y él reinará por siempre y para siempre'".

Notas

Capítulo 1

1. "As Long As I'm Here" del álbum *As Long As I'm Here*; Derechos de autor 2009, Independent. Las canciones de Ed y Roxanne Nilsen, incluso el éxito "The Greatest Gift" y "This Side of Glory" están disponibles para su descarga en iTunes.
2. Terapeuta Faith Raimer, M.A., LMFT (www.faithhopeandtherapy.com). Faith también es una *life coach*, consejera cristiana, conferencista y autora de varios libros.

Capítulo 2

1. Caroline Leaf, PhD, *¿Quién me desconectó el cerebro?* y *Enciende tu cerebro: la clave de máxima felicidad, pensamiento y salud,* (Improv, Ltd, 2009).
2. Joni Eareckson Tada, Joni and Friends, http://www.joniandfriends.org.
3. Nancy B. Miller, *Nobody's Perfect* (Baltimore, Maryland: Paul H. Brooks Publishing Co., 1994), 58.

Capítulo 3

http://www.butterflymysteries.com/imaginal-cells.html.

Capítulo 5

1. Sitio web de Nelson Mandela https://www.nelsonmandela.org.
2. *Mandela: Un Largo Camino Hacia la Libertad,* película, 2013.
3. "Weird & Wild How Arctic Frogs Survive Being Frozen Alive" de voices.nationalgeographic.com Información en la red por Stefan Sirucek en Weird & Wild del 21 de agosto de 2013.

Capítulo 6

1. Dra. Caroline Leaf, autora de *¿Quién me desconectó el cerebro?* y *Enciende tu cerebro*, información en la red del 23 de mayo de 2014 (http://drleaf.com/blog/positive-versus-negative-stress/) y www.drleaf.net.
2. *¿Quién me desconectó el cerebro?* Versión para Kindle, distribuido por Thomas Nelson Publishers 2009, 229, 558.
3. Nancy B. Miller, *Nadie es perfecto* (Baltimore, Maryland: Paul H. Brooks Publishing Co., 1994), 58.

Capítulo 7

1. Definiciones:
http://www.webopedia.com/TERM/S/Shift_key.html.
http://www.techterms.com/definition/shiftkey.

2. Laurie Vervaecke, *Woman Why Are You Weeping? Abuse: The Road to Recovery* (2009).

Capítulo 8

1. James C. Dobson, *Cuando lo que Dios hace no tiene sentido* (Tyndale House, 1993). Usado con autorización. Sitio web de Enfoque a la Familia http://www.focusonthefamily.com.

2. Rudyard Kipling, 1865–1936, era un novelista y poeta británico. Su poema "If—" fue publicado por primera vez en 1910 en un libro con sus poemas, *Rewards and Fairies*.

Capítulo 10

1. Melanie Boudreau, *Toppling the Idol of Ideal* (A Book's Mind, 2015), blog MelanieBoudreau.com.

2. Cindy Steinbeck, *The Vine Speaks* (Concordia Publishing House, 2013).

Capítulo 11

1. *Joyful Noiseletter* sitio web http://www.joyfulnoiseletter.com.
2. Dawn McMullan, "The Happiness of Being Special" de la revista *Live Happy*.

Capítulo 12

1. Susan Lana Hafner, folleto *Though I Sleep, My Heart Is Awake* (One Touch Publishing, 2008), 5-6, 12, onetouchawakening.org.
2. Susan Lana Hafner, *One Touch: The story of an Awakened Heart Expanded Edition with Discussion Guide by Susan Lana Hafner* (Creation House, 2013).

Capítulo 14

1. Todd Burpo con Lynn Vincent, *El cielo es real: La asombrosa historia de un niño pequeño, de su viaje al cielo de ida y vuelta* (Grupo Nelson, 1999).

2. Sitio web: www.godtube.com. Haga clic en *Inspirational Videos*. En la Búsqueda escriba los nombres Quincy and Gracie Latkovski. Ahí verá a una jovencita danzando primorosamente con su hermana en silla de ruedas.

Más libros y sitios en la red

Nancy B. Miller y Catherine C. Somons, *Everybody's Different* (Paul H. Brooks Publishing Co., 1999).

Amy Fenton Lee, *Leading a Special Needs Ministry* (Orange, división de The rethink Group, Inc., 2013).

Ann Voskamp, *One Thousand Gifts* (Zondervan, 2010).

Stephanie O. Hubach, *Same Lake Different Boat* (P & R Publishing, 2006).

Phil Whitehead, *Thriving in the Grace of God* (Sovereign World Ltd., 2004).

Jane Hansen Hoyt, *Master Plan* (Aglow International, 2009) aglow.org.

Jane Hansen Hoyt, *The View From Above, Living Life From God's Perspective* (Aglow International, 2011) aglow.org.

Phil Hansen, conferencista, *Embrace the Shake,* TED Talks, https://www.ted.com/talks/phil_hansen_embrace_the_shake.

Joni Eareckson Tada, *Pearls of Great Price* (Zondervan, 2006).

Acerca de la autora

Melonie Janet Mangum es una especialista en personas, pues está involucrada afectuosamene en la vida de incontables gentes. Siendo una mujer joven, trabajó en su distrito escolar local en el departamento de Educación Especial. La conexión que hizo ahí con los padres de los niños con necesidades especiales la desafió a hacer más. Nunca considerándose una experta, sino alguien con corazón y experiencia, respondió siendo la pionera del grupo Touchpoint for Parents (*Punto de encuentro para padres*) en su iglesia local.

Como ministro ordenado, obtuvo su título de doctorado en teología práctica con énfasis en educación cristiana y evangelismo en 1995 y el título de doctorado en teología en 1998 del International College of Bible Theology.

Desde 1992 Melonie ha trabajado con equipos de todas las edades, tanto cultivando a los integrantes del equipo como liderando equipos que capacitan y equipan a otros en muchas naciones del mundo. Ella es fundadora y presidenta de Partners For Transformation (*Socios para la Transformación*) (partners4transformation.com). También sirve en Aglow Internacional como Directora de Transformaciones (Aglow.org). Ella es la amorosa madre de tres y abuela y vive en Newbury Park, California.

www.ingramcontent.com/pod-product-compliance
Lightning Source LLC
Chambersburg PA
CBHW070848050426
42453CB00012B/2092